독을 삼키고 잘 죽되 오래 사는 기술

독을 삼키고
The Art of Swallowing Poison

잘 죽되
The Art of Dying Well

오래 사는 기술
The Art of Enduring

구슬아 지음

yeon/doo

차례

책머리에 6

1부 소셜 미디어와 정념의 조각들 16

1. 언젠가는 꼭 '단톡방' free life
2. 무엇을 위하여 리뷰 알람은 울리나
3. 죽지도 않고 자꾸 오는 사물의 생명력
4. 현대인의 SNS 사용법: 돌진하는 주체와 파라소셜한 것
5. 어떤 욕망의 (여러) 이름 (중 하나)인 오마카세

2부 영상 이미지의 조각들 74

1. 의적 로빈 후드, 로빈 후드, 후드
2. 잘 죽는 법: 제보당의 야수와 토마 답체
3. 방황으로서의 삶과 그 한가운데의 사랑: 앙투안 두아넬 연작
4. 딜레마를 통과하는 선善
5. 오래 사는 법: 기억과 시시한 유산

3부 통념과 의식의 조각들 138

1. 무엇이든 체험해야 하고 체험하면 안다는 믿음
2. '사실상 한국인'은 대체 어느 나라 사람?
3. 연애 잘하는 비법 알려 드립니다: 픽업 아트 읽기
4. '있는 그대로의 나'의 '내면을 보'고 '아무 조건 없이 사랑해줄' 사람
5. 독을 삼키는 법: 복어를 먹듯 전부를 수용하기

4부 일상과 생활 양식의 조각들 206

1. 여행, 좋아하세요?
2. 취미 원예론 (1): 취미란 무용해서 취미인 것
3. 취미 원예론 (2): 꺾여도 괜찮은 마음에 더해 숙련하기
4. 취미 원예론 (3): 자연스러움을 곁들인 문명의 안쪽에서
5. 나라에서 허락하는 유일한 마약이니까

원고 출처 254
참고 문헌 256

책머리에

웹진 『취향과 판단』은 선명한 뜻과 계획을 예비한 상태에서 실행에 착수했다기보다 돌연히 기회가 먼저 생기고 그에 맞는 구상을 가다듬으면서 진행한 기획이었습니다. 전자책 플랫폼 북이오에서 웹진을 만들어보지 않겠느냐는 제안을 건넸고, 광고 수입을 배제하고 구독료에 온전히 의지하는 수익 구조와 어떤 주제와 내용이든 괜찮으니 마음대로 쓴 후 알아서 발행하라는 '방침 없음의 방침'에 마음이 끌려 일단 하기로 했습니다. 다만 어차피 할 것이라면 당시 만연한 플랫폼 글쓰기와는 다른 글쓰기를 전개하겠다는 정도의 의지는 있었습니다. "콘텐츠"를 통한 "자기 표출의 민주화"[1]가 실현된 지금, 누구 하나쯤은 시류에 뒤처진 글쓰기를 하는 것도 나쁘지 않겠다 생각했습니다.

    웹진의 구체적 형태에 관한 궁리를 시작한 것은 그 다음의 일이었습니다. 자연스레 문화/정치 비평이라는 큰 틀 안에서 젊은 연구자들이 각자 쓰고 싶은 글을 쓰는 장으로 기능하는 잡지가 되게끔 하는 쪽으로 방향이 잡혔습니다. 텍스트 친화적이지 않은 플랫폼 환경에서 온갖 장르의 텍스트 중 가장 플랫폼 친화적이지 못한 축에 드는 비평이 과연 무엇을 얼마만큼 할 수 있는

지를 보고 싶었던 것 같습니다. 제1호를 낸 이래로 매달 웹진을 발행했습니다. 그리고 제40호를 끝으로 폐간했습니다. 3년 3개월 동안 일정한 완결성과 완성도를 갖춘 글을 선뵈고자 노력했고 그 글이 독자라는 타인을 향한, 유효한 말 건넴이 되도록 하는 데 많은 주의를 기울였습니다.

    이 책은 2022년 1월부터 2024년 12월까지 웹진 『취향과 판단』의 '이달의 에디터' 꼭지에 연재한 글과 비슷한 시기 다른 지면에 게재한 글 가운데 일부를 골라 수정하고 보완한 것입니다. 스무 편의 글 중 『시詩로 여는 세상』에 게재한 한 편과 『현대비평』에 게재한 한 편을 제외한 나머지 열여덟 편이 『취향과 판단』의 연재분이니 사실상 웹진 『취향과 판단』의 '이달의 에디터' 종이책이라 해도 무방하겠습니다. 글은 다 같은 글이라지만 웹진의 문법과 종이책의 문법은 다르기에 기존의 원고를 종이책에 적합하도록 고치고 정돈했습니다. 웹진의 한 꼭지로 발행하는 단계에서 부득이하게 생략하거나 간단히 처리하고 넘어간 내용은 되도록 자세히 풀었습니다.

    1부는 소셜 미디어와 그곳에서 일어나는 일들에 관한 글 다섯 편을 포함합니다. 「언젠가는 꼭 '단톡방' free life」는 단톡방에서의 의사소통을, 「무엇을 위하여 리뷰 알람은 울리나」는 이용한 가게의 리뷰와 별점을 남기는 일의 의례화를, 「죽지도 않고 자꾸 오는 사물의 생명력」은 바이럴 마케팅과 허위·과대 광고를, 「현대인의 SNS 사용법: 돌진하는 주체와 파라소셜한 것」은 페이스북 친구라는 (관계 아닌) 관계가 암시하는 바를,「어떤 욕망의 (여러) 이름 (중 하나)인 오마카세」는 '인스타그래머블'한 경험과 이를 적극적으로 전시하는 경향을 소재로 삼았습니다. 각양각색의 소재에서 출발했지만 결국 이 모두는 오늘날 우리에게 또 하나의 생활 영역으로 자리매김한 소셜 미디어의 특성과 환경이자 조건으로서의 소셜 미디어가 사람들의 사고와 실천에 미치는 영향을 헤아리기 위한 작업입니다. 세상만사가 그러하듯 소셜 미디어에도 밝은 면과 어두운 면, 그러니까 인간의 삶을 생산적 방향으로 이끄는 속성과 소모적 방향으로 이끄는 속성이 공존합니다. 바꿔 말하자면 소셜 미디어는 새로움을 생산하는 저항적 문화/정치의 가능성을 배태할 수도 있습니다. 소비, 사물과 말, 행위의 단순한 양적 팽창과 자기 착취를 부추겨 기존의 지배적 질서를 강화하는 순치의 기술로 작동할 수도 있습니다. 1부의 글 다섯 편은 소셜 미디어의 두 가지 속성 중 주로 후자에 집중합니다. 문제적 현상에서 긍정적 단초를 발굴하는 단계로 나아가는 식의 비평에 닿지 못했다는 아쉬움이 남지만 현재 두드러지는 소셜 미디어의 형세에서 우세한 것은 일련의 부정성이며 그것을 면밀히 파악하는 일이 우리의 과제라 여겼습니다.

  2부는 작품 비평 모음으로, 글 다섯 편을 실었습니다.「의적 로빈 후드, 로빈 후드, 후드」는 로빈 후드 이야기를 각색한 영화 세 편을 비교하고 분석한 글입니다.「잘 죽는 법: 제보당의 야수와 토마 답체」에서는 〈늑대의 후예들〉을 다뤘으며 주인공의 조력자 중 한 사람인 토마 답체를 중심에 놓음으로써 작품의 새로운 의의를 찾고자 했습니다. 「방황으로서의 삶과 그 한가운데의 사랑: 앙투안 두아넬 연작」은 누벨바그의 거장 프랑수아 트뤼포의 자전적 영화들을 통해 실존과 예술이라는 주제를 살폈습니다. 「딜레마를 통과하는 선」과 「오래 사는 법: 기억과 시시한 유산」은 미국 드라마 〈굿 닥터〉와 일본 애니메이션 〈장송의 프리렌〉을 통해 타인과 연결된 삶의 특유성과 그 가치를 읽으려 한 결과물입니다. 언뜻 보기에 글감으로 쓸 작품의 선정을 제멋대로 한 모양새인데 지난 몇 해 동안 본 영화, 드라마, 애니메이션 중 '마음에 드는' 작품을 골라 그에 관한 글을 썼으니 실제로도 그렇습니다. 하지만 내러티브와 내용의 전개 속에서 드러나는 인물의 생각과 행동에 초점을 맞춰 작품을 감상하고 해석했을 때 '주체성'이라는 주제를 발견할 수 있는 작품을 '마음에 드는' 작품이라 판단했으므로 나름의 선정 기준은 있었던 셈입니다. 다만 어떤 작품에 대한 글이든 '작가론'으로 흐르는 것만은 경계했습니다. 「방황으로서의 삶과 그 한가운데의 사랑: 앙투안 두아넬 연작」처럼 명백히 자전적 영화의 경우라 할지라도 핵심은 보편성을 획득한 작품이지 특수한 개인으로서의 작가가 아니라고 믿기 때문입니다. 작가는 오직 그의 몸을 빌려 예술이 "새로운 공동의 것을 마련하는 데 계속 충실할 수 있게 하는 수단의 차원에서만 의미를 지닙니다."[2]

  3부에서 주목하는 것은 통념, 고정 관념, 고착화한 욕망과 믿음입니다. 「무엇이든 체험해야 하고 체험하면 안다는 믿음」은 제목이 드러내듯 인간의 인지적 발달에 크게 기여한다고 알려져 각광 받는 '체험 학습'의 한계를 경유해 경험과 학습을 향한 오해를 바로잡고자 쓴 글입니다. 「사실상 한국인」은 대체 어느 나라 사람?」에서는 '우리'인 한국인과 '남'인 비非한국인을 가르려는 분할과 배제의 경향과 '사실상 한국인'이지만 '진정한 한국인'과 같은 관념적 범주를 형성하고 지탱하는 욕망을 다뤘습니다. 「연애 잘하는 비법 알려 드립니다: 픽업 아트 읽기」와 이어지는 「'있는 그대로의 나'의 '내면을 보'고 '아무 조건 없이 사랑해줄' 사람」은 사랑을 참칭하는 나르시시즘적 지배와 복속의 욕구가 실은 사랑도 아닐뿐더러 사랑의 생산적 성격과는 정반대인 파괴적 정위임을 지적하는 글입니다. 「독을 삼키는 법: 복어를 먹듯 전부를 수용하기」는 전체를 기꺼이 받아들일 수밖에 없다는 삶의 필연성과 이를 인정하는 자세에 대한 글로, 3부의 종합에 해당합니다.

    4부에는 되도록 덜 심각하고 가벼운 글 다섯 편을 담았습니다. 비록 가장 일상적인 동시에 '생활 밀착'적이고 사소한 글거리인 취미에 대해 이야기하고 있지만 거기서 출발해 한 번쯤 고민해보면 좋을 주제들에 가닿고자 했습니다. 「여행, 좋아하세요?」는 그 무엇에서도 새로움을 느끼지 못하는 권태의 상태에 여행과도 같은 순간을 도입할 필요에 관한 글입니다. 「취미 원예론 (1): 취미란 무용해서 취미인 것」과 「취미 원예론 (2): 꺾여도 괜찮은 마음에 더해 숙련하기」와 「취미 원예론 (3): 자연스러움을 곁들인 문명의 안쪽에서」는 공통적으로 실내 취미 원예를 소재로 하고 있기에 '취미 원예론'이라는 분류로 묶었지만 각각 쓸모없는 것의 쓸모, 지성의 활용과 실천적 수행 사이의 유기적 결합의 산물인 향상, 노스탤지어를 포함한 낭만적 견지와 현실을 위한 대안의 관계를 검토했습니다. 마지막 글 「나라에서 허락하는 유일한 마약이니까」에서는 소비를 권하고 부추기는 세계에서 그 세계의 명령을 무작정 따르기도, 그렇다고 저항하기도 어렵다는 난관에 처한 우리의 초상을 그렸습니다.

첫 호를 발행한 직후 『취향과 판단』으로 웹진의 이름을 정했다는 소식을 전하자 한 선배가 "제호를 참 잘 지었어요. 판단을 유보하는 취향에는 판단을, 취향을 소거하는 판단에는 취향을." 이라고 답했습니다. 그때는 '뭔가 멋있고 꿈보다 월등히 좋은 해몽이네.' 정도로 생각하고 넘겼는데 이제 보니 비평적 글쓰기가 목표로 삼아야 할 바를 함축한 표어였습니다. 저는 이 말이 "감정 바깥에 서는 기능으로서의 비평"[3]이라는 정의와도, "현실에서 출발해 그 현실에 대해 무언가 다른 이야기를 함으로써 현실을 증대시키는"[4] 앎의 한 형태로서의 비평이라는 관점과도, 더 나아가 "자신이 위치하고 차지한 좌표에 대해 갖는 분명하고도 정교한 자의식"[5]의 선언으로서의 비평이라는 표현과도 통한다고 봅니다.

당연한 말입니다만 이 책에서 다루는 사물, 작품, 기술, 현상, 인식, 행위 등 모두는 '문제적'이기 때문에 글감으로 꼽혔습니다. 일부는 어딘가 잘못된 말썽거리라는 의미에서 문제적이고, 나머지 일부는 지금의 우리에게 까다롭고 어렵지만 필히 상대해야 할 질문을 제기함에 따라 진지한 독해와 논의의 대상이 된다는 의미에서 문제적입니다. 문화/정치는 상호 대립적 원칙들의 존재와 양자를 조화, 화해, 타협하려는 시도들[6]의 공통 형식 그리고 불화한 채 남은 것들을 재현하는 영역이기에 욕망과 현실, 허구와 실제, 특수와 보편, 내부와 외부, 주어진 조건에 순응하는 경향과 저항하려는 경향, 이데올로기와 이데올로기 등의 대립 도식과 그것이 내포하는 모순, 불화, 긴장을 밝히는 일이 중요하다 믿고 대상의 좋고 나쁨을 따지기 이전에 이를 면밀히 살피는 작업에 집중했습니다.

그럼에도 최종적으로는 일종의 가치 판단에 도달할 수밖에 없었습니다. 바꿔 말하자면 이것은 저의 '자기 이야기'고 제가 마뜩잖게 혹은 마땅하게 여기는 문제들에 대한 저의 견해를 모아놓은 책입니다. 만연한 플랫폼 글쓰기와는 다른 글쓰기를 전개해야겠다는 의지가 있었다는 언급을 첫머리에서 했습니다. 장르나 형식, 내용의 상이함을 염두에 둔 것은 아니었고, 저의 자기 이야기가 그저 폐쇄적 자아를 강화하며 "순전히 개인적이라는 점에서 자의성을 벗어날 수 없기에 일회적 대증요법에 그칠 뿐"[7]인 글로 남는 일만은 경계하겠다는 다짐이었습니다. 이 책이 여러분께 다가가 부딪히는 저의 자의식이기를, 하나의 말 건넴이기를, 또 실효성이 있는 질문이자 제안이 되기를 바랍니다.

　이번에도 역시나 많은 분의 도움을 받았습니다. 타인의 호의와 협력이 없었다면 혼자서는 그 무엇도 하지 못했을 것입니다. 전자책 플랫폼 북이오, 출판사 yeondoo, 웹진 『취향과 판단』의 필진인 김선해, 김태현, 문준혁, 박진우, 신정환, 유윤열, 윤희상, 이정우, 이지웅 님과 구독자 여러분께 감사합니다. 글쓰기가 동반하는 고통을 이해하고 담담히 저의 한탄과 앓는 소리를 들어준 안준범 선배와 존경하는 오랜 벗 정혜진 님 그리고 늘 '변함없이 있음'만으로도 큰 힘이 되어주는 이윤하, 구광모, 이혜순 님께도 진심으로 감사의 마음을 전합니다.

책머리에 후주

1 오쓰카 에이지, 『감정화하는 사회』, 선정우 옮김, 리시올, 2020, 68~81쪽 참조.
2 구슬아, 『연구자가 세상에 말을 건네는 방법』, yeondoo, 2024, 97쪽 참조와 인용.
3 오쓰카 에이지, 앞의 책, 53쪽 참조.
4 피에르 마슈레, 『문학생산의 이론을 위하여』, 윤진 옮김, 그린비, 2014, 21쪽.
5 이소, 「중력과 미래: 인아영의 『진창과 별』을 읽으며」, 『현대비평』, 제18호, 한국문학평론가협회, 2024, 166~167쪽.
6 게오르그 짐멜, 『짐멜의 모더니티 읽기』, 김덕영·윤미애 옮김, 새물결, 2005, 55~56쪽 참조.
7 한영인, 『갈라지는 욕망들』, 창비, 2024, 214쪽.

1부
소셜 미디어와 정념의
조각들

1. 언젠가는 꼭 '단톡방' free life

모든 일의 시작은 단톡방 개설로 통하고

카카오톡은 일 대 일과 일 대 여럿 대화는 물론이고 이미지, 동영상, 문서 등의 전송, 이에 더해 대화 참여자들을 대상으로 한 투표와 일정 관리의 기능 모두를 제한 없이 무료로 제공하는 메신저 어플리케이션이자 소셜 네트워크 서비스SNS입니다. 이러한 경제성과 편의성에 힘입어 카카오톡은 출시 이후 빠르게 기존의 유료 문자 메시지를 대체하는 '국민 메신저'로 자리 잡았습니다. 스마트폰 이용자 95% 이상이 카카오톡을 사용 중이며 그 용도는 친목을 위한 사적 대화를 넘어 공지와 회의, 실무 처리 등의 공적 의사소통까지 확장되었습니다.

    학과 단톡방, 세미나 단톡방, 회사 단톡방, 여러 조직의 연합 사업을 위한 실무자 단톡방, 시민 강좌 수강생들의 단톡방, 대체 언제 만들어졌으며 나는 여기에 왜 들어 있는지 모를 단톡방까지…. 사람이 모이고 무언가를 하려면 먼저 단톡방부터 만드는 것이 자연스러운 수순으로 정착했습니다. 단톡방에 속하지 않는다는 것은 곧 정보와 관계로부터의 소외를 의미합니다. 우리는 단톡방이라는 '장소'를 매개로 늘 누군가와 그리고 무언가와 연결되어 있습니다. 하지만 온갖 일의 첫 단계로 단톡방을 개설하는 것이 예사가 된 현실과 단톡방을 통한 연결과 의사소통이 언제나 긍정적 효과를 낳는가의 여부는 별개입니다.

단톡방 내 의사소통, 되는 것과 힘든 것

공적 의사소통에 단톡방을 활용하는 이유는 일련의 기대들 때문입니다. 어떤 일이나 문제가 발생했을 때 모든 참여자가 시간과 공간의 한계를 뛰어넘어 그 처리에 즉시 집중할 수 있으리라는 기대, 더 나아가 그들이 각자의 의견을 수월하게 표현하는 가운데 일의 진행과 문제 해결에 가장 적합한 방책을 빠르게 찾을 수 있으리라는 기대 말입니다. 달리 표현하자면 이는 높은 업무 효율과 이를 이끄는 합리적 의사 결정의 가능성에 관한 기대입니다.

한데 단톡방이 실현하는 효율과 의사 결정의 가능성은 몹시 한정적인 의사소통의 영역에 대해서만 유효합니다. "야유회 단체 버스 탑승 안내. 오전 10시, 회사 정문 앞."과 같은 일방적 공지나 "단체복 색상 투표 바랍니다. 1번 빨강, 2번 노랑, 3번 초록."처럼 아무래도 좋을 선택지 중 하나를 고르는 다수결의 절차 정도가 그 영역에 해당합니다. 공적 의사소통을 요구하는 공통의 일, 그중에서도 복잡하고 민감한 문제를 단톡방에서 다루는 경우에는 대개 압도적 역효과가 나타나며 참여자 사이의 상시적 연결과 표현의 용이함에 걸었던 기대는 그것을 배반하는 결과로 구체화됩니다.

제게도 조직에 속해 바쁘게 일한 시기가 있었고 그 무렵에는 항시 스무 개 안팎의 단톡방이 열려 있던 것으로 기억합니다. 주로 긴급한 일이 발생했을 때 사안을 공유한 후 참여자들의 의견을 청취하고 종합해 어떻게 대처할 것인가를 결정하는 데 단톡방을 활용했습니다. 그런데 그러한 긴급 사항이 내포하는 질문들은 객관식이 아닌 서술형 문항을 닮았습니다. 그러므로 해결의 방향을 모색하는 작업 역시 저마다의 관점과 서로 다른 문체를 지닌 다수가 정연한 글 한 편을 함께 완성해가는 과정과 비슷한 성격을 띱니다.

이 과정에서는 동의보다 이의에 주의를 기울이고 불화를 다루는 데 충분한 시간과 노력을 할애하는 것이 무엇보다 중요합니다. 특히 참여자 각자가 일정한 직책을 맡고 있으며 사안의 처리가 잘못될 시 후과에 대해 무거운 책임을 져야 하는 상황이라면 더욱 그러합니다. 한데 장소로서의 단톡방의 특성은 이와 같은 절차의 수행을 방해합니다. 말하기보다 까다롭고 번거로운 글쓰기를 표현의 도구로 삼는다는 점, 참여자들의 비언어적 신호를 포착할 수 없다는 점 등이 효율적 의사소통을 저해하는 일차적 요인으로 작용합니다. 하지만 가장 근본적 문제는 단톡방이 의사소통 그 자체와 긴급함에 관한 우리의 감각을 단톡방에 한해 유효한 형태로 바꾼다는 것입니다.

단톡방 특유의 참여와 긴급성, 그 아이러니

단톡방 참여자들은 존재하는 동시에 부재합니다. 그들은 대화 상대 목록에 늘 있지만 논의가 이루어지는 구체적 절차 속에는 50%의 확률로 존재하고 50%의 확률로 존재하지 않습니다. 메시지를 확인하지 않은 사람이 몇 명인가를 나타내는 말풍선 옆의 숫자가 사라진다고 해도, 그리하여 전원이 해당 메시지까지 스크롤을 내렸음이 분명하다고 해도 이 사실이 곧바로 모두가 논의의 절차 속에 참여로써 '충분히 존재'하고 있음을 뜻하지는 않습니다.

어떤 단톡방이든 침묵하는 인원이 총원의 1/3 정도를 차지합니다. 단톡방 참여자의 존재가 확정되는 순간은 그들이 총원 중 하나라는 숫자로 단순히 있는 것을 넘어 의사 결정의 정족수로서 실질적 역할을 수행할 때, 즉 안건의 처리를 위한 숙의가 성립하도록 뚜렷한 의견을 표명하는 시점입니다. 다만 "현재 이러이러한 안타까운 상황이 발생했습니다. 어떠어떠한 방식으로 대처하려는데 이에 대해 의견이 있으면 개진해주시기 바랍니다."

라는 안건을 제시했을 때 "너무 속상하네요. ㅠㅠ"라고 한다거나 '눈물을 흘리는 라이언 이모티콘'을 올리는 것은 뚜렷한 의견의 표명에 포함되지 않습니다. '너무 속상한' 마음과 '라이언 이모티콘'은 공통의 입장으로 종합할 수 없습니다.

대면 회의의 보편 규칙은 불참자가 의사 결정에 개입할 권리를 포기 혹은 위임했으며 나머지 참석자가 결정한 바를 따르는 데 동의했다고 간주합니다. 회의에 누가 오고 오지 않았는지도 분명하며 안건 발의부터 표결까지의 절차가 진행되는 시·공간 속에 참석자들은 확실히 동시에, 함께 있습니다. 부러 이의를 제기하는 행위와 대비되는 침묵은 이의가 없다는 뜻으로 수용합니다. 반면 단톡방에서는 참여와 침묵의 상태만을 보고 개개인의 생각과 태도를 파악하는 데 어려움이 따릅니다. 그래서 제가 단톡방을 관리할 때에는 "메시지 확인 안 한 5명 누구지? 언제 보려나.", "다들 읽고 말이 없네. 이대로 처리하면 되나?"라는 혼잣말을 입에 달고 살았습니다. 그렇지만 여럿 중의 한 사람으로서 참여하는 다른 단톡방에서는 저 또한 50%의 확률로 존재하고 50%의 확률로 부재하는 시간이 많았습니다.

어째서 이런 상황이 생기는 것일까요? 참여자들이 소극적이고 불성실하기 때문일까요? 만일 참여자들에게서 소극적이거나 불성실한 면모가 엿보인다면 이는 온전히 그들의 성격 탓일까요? 개인의 기질이 상황의 원인이라 단정하기 전에 앞서 언급한 단톡방의 특성과 단톡방들이 실현하는 과잉 연결 또는 상시적 연결의 만연이 참여자들로 하여금 적극적이고 성실한 태도를 견지하기 어렵게 만든다는 점을 유념해야 합니다. 집중력을 발휘하려면 그 이전과 이후에 집중하지 않는 상태가 필요합니다. 의견의 개진은 충분한 숙고의 시간을 전제 조건으로서 요구합니다. 복수의 단톡방에서 각기 다른 일들이 생기고 이것이 시시각각 알람과 미리 보기로 드러날 때 집중과 집중하지 않(을 수 있)음, 실행과 실행을 준비하는 단계 사이의 경계는 사라집니다.

마찬가지로 긴급성에 관한 감각 역시 긴급하지 않다는 감각과의 대비 위에서 작동합니다. 어떤 일의 발생과 동시에 그 일을 논의의 대상으로 다룰 수 있는 단톡방에서는 모든 안건을 빠르게 처리해야 할 '긴급 안건'으로 취급합니다. 결과적으로 긴급함에 대한 안건 제안자의 감각적 역치는 하향하는 한편 참여자들의 그것은 상향합니다. 제안자는 전달 수단이 있기에 모든 사안을 신속하게 공유하려는 경향에 빠지고, 참여자들은 긴급 상황이 수시로 발생하다 보니 스트레스는 스트레스대로 받으면서 점차 이를 통상적인 것이라 느끼게 됩니다.

어느덧 당연한 것이 된 과잉 연결에 관한 재고

노동 현장에서는 2010년대 중반부터 '연결되지 않을 권리'가 화두로 떠올랐습니다. 2021년 경기도 거주 임금 노동자 500명을 대상으로 실시한 설문 조사 결과 응답자의 87.8%가 카카오톡, 문자 메시지, 메일, 전화 등을 통해 근무 시간 외 업무 지시의 연락을 받은 경험이 있다고 답했습니다. 부하 직원에게 퇴근 후나 휴일, 휴가 중 업무 연락을 하는 이유로는 70%가 외부 기관이나 상사의 갑작스러운 요청을, 20.1%가 생각난 김에 지시하기 위한 목적[1]을 꼽았습니다. 이처럼 근무 시간 외 업무 연락에 의한 노동자의 권리 침해는 심각한 수준으로, 연결되지 않을 권리의 보장을 꾀하는 근로기준법 개정안이 수차례 발의되었지만 입법에는 이르지 못했습니다.

"법으로 금지한들 금지가 되겠느냐."며 법안 자체의 실효성에 의문을 제기하는 이들도 있습니다. 물론 법을 만들고 시행한다고 해서 그 즉시 모든 문제를 일소할 수는 없습니다. 하지만 스마트 기기와 SNS 활용의 일반화와 함께 생활 전반과 노동 환경이 변화했음은 사실이고 이에 따라 일을 마치고 쉰다는 것은 "단순히 일하는 장소에서 벗어나는 것뿐 아니라 퇴근한 후 업무와 관련한 전화, 메일 등을 하지 않고 업무와 관련한 정서적 활동도 하지 않는 상태"[2]까지 포함하는 의미가 됐음도 사실입니다. 그러므로 노동자의 여가 시간과 사생활을 보호하고 자유권과 휴식권을 보장[3]하기 위한 제도의 마련과 정비가 이어져야 할 것입니다.

더 나아가 SNS가 매개하는 과잉 연결 자체에 대해 다시 생각해보기를 제안합니다. 첫머리에서 이야기했듯 비단 임금 노동뿐 아니라 일상의 온갖 영역에서 사람과 일, 사람과 사람 사이의 많고도 잦은 연결이 보편적 상태로 고착했으며 우리의 지각과 반응도 그에 맞게 변화하기 때문입니다. 이 시점에서 한 번쯤 "모두가 항상 연결되어 있는 것이 정말 좋은 일인가? 의사소통과 일처리의 효율은 사람들이 연결되어 있는 정도에 비례하는가? 관계 전반의 경우는 어떠한가? 장소를 공유하고 빈번히 말을 건넬수록 서로의 유대도 깊어지는가?"를 물을 필요가 있습니다.

단톡방이라는 장소는 조직이나 집단이 사용하던 의사 결정, 일 처리의 모델과 그 작동 방식을 재현할 뿐 전에 없던 효율성이나 합리성을 창출하지 않습니다. 그리고 어떤 조직에서 단톡방을 활용한 의사 결정이 원활하게 이루어진다 하더라도 그러한 성취의 수준은 대면 논의의 심급을 폐기하기에 충분하지 않습니다. 우리가 서로 연결되는 순간은 연결되어 있지 않은 시간 속에 간헐적으로 배치될 때 더 큰 의미를 지니며 그와 같은 간헐적 연결을 통해 참여와 집중의 밀도를 높일 때 효율성의 제고를 꾀할 수 있습니다. 사적 관계도 마찬가지입니다. 늘 접촉해 있을 필요는 없습니다. 이따금 만나더라도 서로를 깊이 들여다보고 이해하는 가운데 무엇을 어떻게 함께하느냐가 중요합니다.

차라리 조금 번거로운 편이 나을지도

"어떻게 단톡방의 개수를 줄이고 더 늘지 않게끔 할 것인가?" 이것이 최근의 고민입니다. 실제로도 많이 줄였습니다. 2022년 1월, 웹진을 운영하기 시작하면서 일부러 단톡방을 만들지 않았습니다. 필진끼리 서로 이야기해야 할 이유도 없거니와 모두가 벌써 단톡방 여러 개에 들어가 있는 상태임이 분명했기 때문입니다. 이런 와중에 단톡방을 하나 더 늘리는 것은 제가 나서서 모두를 더 큰 고통 속으로 밀어 넣는 일입니다. 알람을 꺼 놓는 정도로는 단톡방과 과잉 연결의 범람이 야기하는 피로를 예방할 수 없습니다. 알람을 끈들 어플리케이션 아이콘 상단의 빨간 동그라미 안에 확인하지 않은 메시지의 개수가 표시되고 이를 볼 때마다 해야 할 일을 외면 중이라는 생각에 초조한 마음이 듭니다.

공지 사항은 메일로 보내면 됩니다. 상세한 편집 의견은 전화나 문자 메시지로 전합니다. 같은 이야기를 반복적으로 하게 되는 경우도 생기지만 이렇게 하는 편이 저를 포함한 모두를 위해 더 낫다는 확신이 있습니다. 누구와도, 무엇과도 연결되지 않은 채 평화로운 고독과 고요 속에서 자신의 내면을 향해 침잠하는 혼자만의 시간을 조금이라도 더 확보할 수 있도록, 그리하여 정말 필요한 순간 일과 사람에 진정으로 더 큰 주의를 기울일 수 있도록 말입니다.

2. 무엇을 위하여 리뷰 알람은 울리나

조용한 충성 고객

지금 사는 동네에 온 지도 13년이 되어 갑니다. 이사 첫날부터 현재까지 가는 가게들만 주구장창 다니고 있습니다. 작업하는 카페 한 곳과 쉬고 노는 카페 한 곳, 저녁을 사 먹는 식당 네댓 군데, 월례 행사 격인 이발과 염색도 하던 데서 계속합니다. 별다른 이유는 없습니다. 취급하는 물건의 질과 가격, 서비스 면에서 대단한 이점이나 특색을 지닌 가게들은 아니지만 동시에 발길을 끊을 정도로 뚜렷한 단점 또한 발견하지 못했기 때문입니다. 모두 제 소비력의 한계 안에서 만날 수 있는, 그냥저냥 괜찮은 가게들이며 이 '그냥저냥 괜찮음'만으로 충분합니다.

관성에 따라 움직였을 뿐 적극적으로 무언가를 하지 않았음에도 10년 넘게 드나들다 보니 어느덧 해당 가게들의 '충성 고객'이 되어 있었습니다. 전과 달라지는 것은 없습니다. 주문하고 값을 치른 후 물품이나 서비스를 제공 받습니다. 용건이 끝나면 떠납니다. 그리고 다음에 또 갑니다. '줄 것을 주고, 받을 것을 받는다.' 오직 이것만이 조용한 충성 고객에게 필요한 전부입니다.

리뷰 꼭 부탁드릴게요

늘 가던 미용실에서 머리를 자르고 나오는데 전에 없던 상황을 겪었습니다. 담당 미용사가 문까지 따라 나와 "오늘 머리 하신 거, 네이버에 리뷰 써주실 수 있을까요?"라고 묻는 것입니다. "리뷰요?", "네네. 꼭 써주세요." 알았다고 답했습니다. 하지만 집에 도착함과 동시에 그 일을 완전히 잊었습니다. 한 달 후 염색하고 나오는 참에 미용사가 재차 건넨 리뷰 요청을 받고서야 지난번에도 같은 일이 있었다는 사실을 떠올렸습니다. 저처럼 잘 잊는 사람이 많았는지 그는 예쁘게 포장된 간식 봉지를 손에 쥐어 줬습니다. "구슬아 고객님, 감사합니다. 네이버 리뷰도 꼭 부탁드려요.♡"라는 내용의 쪽지가 동봉된 꾸러미였습니다.

선물을 주면서, 이름을 불러 고객을 특정하면서, 마지막에 하트를 붙이면서, 자필로 쪽지를 쓰면서까지 부탁할 만큼 미용사에게는 리뷰가 절실했습니다. 이쯤 되니 리뷰를 잊는 것은 물론이고 허투루 써 넘기는 일 역시 해서는 안 될 노릇이라는 생각이 들었습니다. 이후 미용실에 다녀온 날이면 리뷰를 작성하는 것이 하나의 의식으로 자리 잡았습니다. 한데 어영부영 충성하는 고객으로서 할 말은 많지 않았습니다. "좋은 가게다. 여러모로 만족한다. 앞으로도 계속 갈 것이다." 이게 전부입니다. 형식과 표현을 아무리 변주한들 같은 이야기의 반복입니다.

최근 미용실을 방문했을 때 미용사에게 고민을 털어 놓았습니다. "리뷰를 어떻게 계속 써야 할지 모르겠어요. 할 말이 다 떨어졌어요." 그러자 미용사는 "한 줄만 적으셔도 돼요. 아니, 이모티콘만 남기셔도 괜찮아요."라고 말하며 무척 미안해했습니다. 모든 고객의 리뷰에 댓글을 다는 그 또한 같은 어려움을 겪고 있을 것입니다. 당연히 미용사의 고충이 제 그것보다 훨씬 크리라 봅니다.

하고 있는 둘에게는 무의미한 일

정작 저와 미용사, 이 둘에게 리뷰와 댓글을 통해 오가는 말들은 무의미합니다. 해야 할 이야기는 머리를 하는 시점에, 그 자리에서 다 나눴기 때문입니다. "머리 마음에 들어요.", "다행이네요.", "저 염색할 때가 돼서 조만간 올게요.", "곧 가을이니 이맘때 늘 하셨던 것처럼 두 톤 정도 어둡게 할까요?", "전문가의 판단을 따를래요. 그게 편하고 좋아요." 이로써 미용사는 자신의 전문 기술과 친절 덕분에 제가 만족했으며 그를 신뢰해 앞으로도 계속 찾아올 것임을 압니다. 저는 미용사가 긴 시간 동안 상대해온 저의 취향과 습관을 기억하고 신경 써준다는 사실을 압니다.

"커트가 정말 마음에 들어요.♡ 염색하러 재방문할 예정입니다. 감사합니다.☆"와 "매번 믿고 방문해주시는데 소중한 리뷰까지 정말 감사합니다.♡ 행복한 하루 보내세요.☺"라는 리뷰와 댓글은 이미 소용이 다한 의사소통의 껍질을 벗겨 만든 '박제'에 불과합니다. 박제들은 가상의 쇼윈도인 '네이버 스마트 플레이스'의 방문자 리뷰 란에 나란히 전시됩니다. 고객은 자신이 쓴 리뷰를 다시 보지 않습니다. 미용사도 댓글을 달아 가게가 고객과 '소통하'는 모양새를 완성한 후에는 리뷰를 다시 보지 않습니다. 어차피 서로의 리뷰와 댓글이 어떤 내용일지를 알기에 굳이 볼 이유가 없습니다. 따라서 전시해 놓은 의사소통의 박제들은 고객과 미용사를 위한 것이 아닙니다. 이는 어디까지나 제3자, 즉 '잠재적 고객'의 시선을 사로잡는 진열품으로서 그곳에 놓입니다.

예전에는 여기저기 다니다 우연히 마음에 드는 가게를 발견한 후 자연스레 왕래하며 단골로 정착하는 것이 일반적이었습니다. 가끔 지인끼리 주고받는 추천 정도가 갈 장소의 선택을 도왔습니다. 요즘은 검색이 우선입니다. 단어만 입력하면 포털 사이트가 인근의 영업장들을 깔끔한 목록으로 정리해 보여줍니다. 목록은 상호, 주소, 전화번호, 가격 등의 기본 정보 외에 할인 혜택을 포함하는 예약 기능과 누적 방문자의 리뷰 수, 그 리뷰들로부터 추출한 평균 별점을 표시합니다. 실제로 경험하기 이전에 장소에 관한 정보를 얻고, 더 나아가 일정한 판단을 내릴 수도 있습니다. '누적 방문자의 리뷰 수가 많을수록 확실한 검증이 이루어진 곳이다. 평균 별점 4.2점짜리 가게보다는 4.5점인 가게가 낫다.' 이런 식으로 말입니다.

유의미한 변별력이 작동한다는 착시

완료된 의사소통의 박제이자 기계적 반복인 리뷰의 역할은 이를 열람하는 제3자의 소망 충족에 기여하는 것입니다. 초반에는 '가성비'를 추구함으로써 '호갱 되기'를 피하는 수준의 합리적 선택을 향한 기대가 소망의 주된 내용이었습니다. 이내 그러한 소망은 특별한 만족을 동반하는 선택을 하고 싶다. 혹은 선택의 결과가 마음에 들지 않을 가능성을 차단하고 싶다는 욕망으로 발전합니다. 흥미로운 점은 이때의 '하고 싶다'가 '그래야만 한다'는 억압과 결합된다는 것입니다. 앉은 자리에서 모든 선택지를 대조할 수 있게끔 해주는 기술, 진솔한 경험담인 동시에 객관적인 숫자의 형식을 띤 채 나열된 판단의 준거들, 그리하여 크나큰 만족을 좇을 자유와 함께 그 실현에 필요한 조건까지 완비된 것처럼 보이는 일련의 상황이 욕망과 억압의 결합을 부추깁니다.

하지만 리뷰와 평균 별점에 의지하는 선택은 두 가지 측면에서 한계를 지닙니다. 하나는 리뷰가 많고 평점이 높은 가게가 이점을 누리는 '알고리즘'을 인지한 이상 사람들이 대응 방안을 모색한다는 것입니다. 한쪽 끝에는 질이 낮은 상품 혹은 용역을 취급하면서 전문 업체에 리뷰와 평점 관리를 맡겨 자신의 가게를 훌륭한 장소로 가장하려는 사람들이, 다른 한쪽 끝에는 괜찮게 가게를 운영하는데도 차마 알고리즘의 힘을 무시할 수 없어 좋은 리뷰를 많이 받기 위한 추가 노동을 감수하는 사람들이 있습니다. 제가 다니는 미용실은 후자에 해당합니다. 미용만 잘하면 그만이었던 미용사가 간식 봉지를 만들고 쪽지도 써야 합니다. 그렇게 얻은 리뷰에 일일이 댓글을 달아 고객과 활발하게 소통한다는 인상을 주는 것도 중요한 업무가 되었습니다. 드러나는 결과만 보고 이 양 끝을 구별하기는 어렵습니다.

두 번째 한계는 리뷰와 평균 별점이 상황에 관한 자의적 해석을 재현한다는 사실에서 기인합니다. 특히 서비스를 고객의 기분을 위한 감정 노동의 동의어로 여기는 사회 분위기 속에서 업주나 노동자의 태도는 쉬이 '자의적으로 엄격한 평가'의 대상이 됩니다. "★★☆☆☆: 맛은 있는데 사장님이 불친절해요. 뭐 물어봤더니 퉁명스레 대답해서 기분 상했네요." 제가 종종 가는 식당을 검색하자 나온 리뷰입니다. 저 '사장님'은 손님이 오고 갈 때 인사를 빠트리지 않습니다. 영업 시간을 준수하며 맛있는 음식을 적당한 가격에 팝니다. 가게의 원칙에 따라 가능한 요청은 받고 불가능한 요청은 거절하는 가운데 필요한 말만 합니다. 서비스는 흠잡을 구석이 없으며 사장은 간결한 일 처리를 지향하는 과묵한 사람일 따름입니다. 적혀 있지 않기에 리뷰 작성자가 무엇을 어떻게 물었는지는 알 수 없지만 기분을 망친 것에 대한 '징벌' 차원에서 적었을 확률이 높은 별점 2점짜리 리뷰는 기록으로 영원히 남습니다.

그냥저냥 괜찮음, 그것만으로 괜찮음

첫머리에서 밝혔듯 조용한 충성 고객은 줄 것을 주고 받을 것을 받는, 다소 건조한 상거래를 선호합니다. 물론 오랜 기간에 한 가게를 다니다 보면 일하는 사람들에게서 각별한 환영을 받거나 그들과 가벼운 대화를 나누거나, 아니면 그들이 호의로 베푸는 덤을 얻기도 합니다. 이는 서로의 정서적 거리가 가까워지며 자연스레 생기는 부차적 상황일 뿐 상거래의 의무와 권리의 영역에 속하는 어떤 것은 아닙니다. 리뷰 역시 그러한 의무와 권리의 문제가 아니었지만 어느덧 그 위상이 달라졌습니다. 많은 사람이 리뷰를 축적해야 할 의무, 고객의 리뷰에 화답해야 할 의무, 이 모든 것을 전시해야 할 의무와 리뷰를 쓰는 대신 덤을 받을 권리, 나빠진 기분을 리뷰로써 풀 권리가 있다고 믿으며 그렇게 행동하고 있습니다.

> "리뷰의 형식 안에는 기대와 실제의 간극을 연쇄적으로 증폭하는, 그럼으로써 소비의 실패와 장사의 좌절을 야기하는 무언가가 존재한다. 상품에 대한 기대를 경쟁적으로 끌어올리는 동시에 높아진 기대만큼 소비자를 만족시켜야 살아남을 수 있는 구조가 거기에 있다."[4]

크나큰 만족과 유쾌함, 유별난 탁월성의 체험을 추구하는 경향은 나쁜 선택을 피하려는 의지의 산물입니다. 살면서 나쁜 선택만 골라서 할 이유는 없습니다만 나쁜 선택을 할 가능성을 삶에서 완전히 제거할 수도 없습니다. 때로는 별로인 가게로 우리를 이끄는 바로 그 우연이 괜찮은 장소를 발견하는 계기를 제공하기도 합니다. 또한 '5점 만점에 5점짜리 만족'보다 그럭저럭 괜찮은, 담담한 미감의 사물과 행위 양식들이 우리 일상의 더 많은 부분을 지탱합니다. 이 '그럭저럭 괜찮음'을 초과하는 만족을 찾는 데 많은 역량을 쏟아야만 할까요? 그런 만족이 실재하기는 할까요? 머리를 자를 때가 되었습니다. 그럭저럭 괜찮은 것들의 가치에 대해 생각하며 다시 그 미용실을 찾아갈까 합니다.

3. 죽지도 않고 자꾸 오는 사물의 생명력

이상하다? 왜 안 죽지?

요괴나 원혼, 악령처럼 초현실적 존재가 아닌 분명한 실체를 지닌 사물에 지나지 않는데 죽여도 죽여도 되살아나고 다시 눈앞에 나타나 사람의 마음을 홀리는 것들이 있습니다. 그중 하나가 살 빼는 약, 이른바 '다이어트 보조제'입니다. 2017년 기준 판매 규모 1,103억 원, 품목 수 2,849개를 달성한 다이어트 보조제 시장[5]은 이후 꾸준한 성장세를 유지했고 공격적 소셜 미디어 광고와 바이럴 마케팅에 힘입어 같은 해의 분홍이&초록이, 2019~2020년의 서양탕국과 안먹은걸로, 최근의 콜레올로지 컷 빨간통, 루틴디, 푸응 시리즈 등 다이어트에 관심이 있든 없든 누구나 한 번쯤 들어봤을 법한 히트 상품을 여럿 선보였습니다.

 다이어트 보조제의 열풍이 돌아올 때마다 의사와 과학자들은 비판적 입장을 밝혔습니다. 시판 다이어트 보조제는 의약품의 이미지를 차용할 뿐 단순한 가공 식품 혹은 건강 기능 식품이므로 체중 감량에 유의미한 영향을 줄 수 없는데도 대다수의 제품이 이를 섭취하는 것만으로 성공적 다이어트가 가능하다는 허위·과대 광고를 내세워 소비자를 기망한다는 것이 그들의 일관된 논조입니다. 더구나 식약처에서는 '식품 등의 표시·광고에 관한 법률'에 의거해 다이어트 보조제 판매 업체의 온라인 부당 행위에 대응하려고 2018년부터 통합 감시 전담 부서인 사이버조사팀을 운영하기 시작해 현재까지 상시 점검과 기획 점검, 상습 위반 업체에 대한 집중 점검을 실시[6]하고 있습니다.

그렇지만 전문가 집단과 행정 부처의 노력이 무색하게 다이어트 보조제의 기세는 등등합니다. 2019년에 고의적이고 상습적인 허위·과대 광고 사례로 적발된 바 있는 분홍이&초록이[7]는 여전히 잘만 팔립니다. 배우를 의대 교수, 약사, 업체 관계자로 위장해 광고를 만든 사실이 들통나 제재를 받은 푸응 시리즈[8]도 마찬가지입니다. 다이어트 보조제가 상업적 성공을 거두려면 유사 과학을 포함하는 허장성세에 의지할 수밖에 없습니다. 전문가 집단과 행정 부처는 다이어트 보조제의 비과학성과 문제점을 수차례 지적했습니다. 그럼에도 다이어트 보조제의 생명이 좀체 다하지 않는 이유는 무엇일까요? 소비자가 무지해서? 전문가 집단의 개입이 충분하지 않아서? 공무원들이 대충 일해서?

이런 링에서 붙으면 반드시 광고가 이긴다

다이어트 보조제 업체 그리고 전문가 집단과 행정 부처 모두의 목표는 각자의 담화로써 사람들을 설득해 특정한 실천을 하게끔 유도하는 것입니다. 전자는 상품의 구매를 부추기기 위해 광고를, 후자는 정반대의 효과를 내고자 칼럼과 인터뷰, 보도 자료를 활용합니다. 누군가를 설득하려면 일단 상대에게 담화가 가닿아야만 합니다. 동일한 담화가 한 사람의 수신자에게 자주, 또 불특정 다수의 수신자에게 널리 도달할수록 설득의 가능성도 커집니다. 따라서 인터넷, 특히 소셜 미디어가 두 세력의 주요한 각축장으로 기능하는 지금의 형국에서는 필연적으로 광고가 승리합니다. 수신자에 앞서 담화의 중요성을 판단하는 행위자이자 "인지 기계"인 알고리즘[9]이 이 장場을 지배하기 때문입니다.

실제로 포털 사이트에 '다이어트'를 검색하면 상단부터 차례대로 광고비를 지급한 관련 업체의 홈페이지, 리뷰 수가 많고 평균 별점이 높은 품목을 추천하는 쇼핑 메뉴, 다이어트 제품의 후기를 올린 뷰티 인플루언서의 블로그 목록이 뜹니다. 구글과 소셜 미디어의 알고리즘은 이용자가 다이어트에 조금이라도 관심을 보이는 즉시 그 낌새를 포착해 다이어트 보조제의 광고로 피드 이곳저곳을 도배합니다. 전문가 집단과 행정 부처의 견해를 확인하려면 '다이어트'에 '유사 과학', '잘못된 지식', '식약처' 등의 단어를 덧붙여 검색해야 합니다. 그러나 알고리즘이 보기에는 이 역시 '하나의 키워드로서의 다이어트'에 대한 관심입니다. 기

어이 다이어트 보조제의 광고가 이곳저곳을 도배하는 파국은 피할 도리가 없습니다.

이처럼 알고리즘은 사람들이 어떤 담화를 얼마나 빈번히 접할지의 여부를 결정합니다. 흥미로운 점은 알고리즘이 담화의 중요성을 판단함에 구독, 좋아요, 조회, 공유의 수라는 양적 지표로 환산한 이용자의 주목도를 준거로 삼는다는 사실입니다. 그러므로 "지식과 정보를 질이 아닌 양으로 평가하고, 가중치와 연관성에 따라 사람들에게 특정한 정보를 편향되게 노출하며, 이 안에 광고를 끼워 넣어 돈을" 버는[10] 알고리즘의 원리에서는 이용자의 관심이 곧 경제적 가치와 연결됩니다. 수용자를 소비자로, 담화의 중요성을 주목과 소비 확대의 양적 가치로 재현하는 알고리즘은 논리와 과학적 정합성을 중시하는 데다 퍽 지루하기까지 한 전문가 집단과 행정 부처의 담화에 기본적으로 무심합니다.

겹겹의 난처함에 붙들린 몸

소셜 미디어의 알고리즘이 주목 경제의 차원에서 다이어트 보조제의 생명을 연장하는 동안 이 과정에 개입하는 또 하나의 힘이 있습니다. 바로 개인의 외모에 단순한 겉모습 이상의 의미와 가치를 부여하는 사회적 시선의 힘입니다. 20~30대 직장인 2,361명을 대상으로 실시한 설문 조사 결과에 의하면 "10명 중 9명이 '외모도 경쟁력'이라는 데 동의"하며 "'사회생활 중 외모 때문에 차별을 경험했다.'는 직장인도 5명 중 3명 꼴"[11]인 것으로 나타났습니다. 이목구비의 생김새와 조화, 체형 그리고 화장, 머리 모양, 옷차림을 통한 자기 연출 등 외양을 구성하는 여러 부분 중 체형은 타고 나는 얼굴 생김새와 달리 '노력하면 얼마든지 바꾸고 만들 수 있다는 믿음'이 우세한 영역인지라 한 사람의 총체적 인격을 미루어 짐작하는 근거로 자주 쓰입니다.

철저한 '자기 관리'가 미덕이자 의무인 오늘날의 분위기 속에서 사회의 시선은 과체중을 외모·건강 규범에서 일탈한 비정상성의 상태로 보고, 과체중인 몸은 탐욕, 게으름, 방종, 의지박약, 생산성 결여 등의 부덕을 반영하는 실체[12]라 여깁니다. 이처럼 사회의 시선은 심미적, 도덕적으로 바람직한 몸과 그렇지 못한 몸을 구분하는 "규율 권력"[13]으로서의 가치 판단을 내포하며 다양한 몸 사이에 위계를 설정하고 기준에 들어맞지 않는 몸을 주변화합니다. 곤란한 점은 몸에 관한 사회, 즉 집단적 타인의 시선이 개인의 의지에 앞서 그의 자의식과 자아 이상, 가치관을 구성하는 과정에 깊이 관여한다는 것입니다. 그리하여 개인은 사회의 시선이 머무는 대상으로서의 몸인 한편 타자성을 내포한 시선을 통해 자신의 몸을 바라보는 주체[14]라는 복잡한 존재가 됩니다.

누군가는 날씬한 몸이 '좋음'을 표상하는 현실을 수용하고 이에 맞는 자아상을 얻기 위해 애씁니다. 누군가는 '기준에서 벗어난 몸'을 향한 사회의 고정 관념과 낙인을 거부하며 체형이 어떻든 자기 모습을 아름답다 여기고 사랑하라는 "신체 긍정주의"[15]의 금언을 따릅니다. 한데 순응도 대항도 시선의 작동을 전제로, 그에 대한 반응으로서 성립합니다. 타인의 시선에 어떤 전략으로 대응할지는 주체의 자유지만 그러한 시선 자체로부터 완전히 자유로운 주체는 없습니다. 순응하는 이는 타인과 자신이 보기에 좋은 몸을 만들어야 한다는 생각에, 대항하는 이는 타인의 시선을 개의치 않고 자기 몸을 긍정해야 한다는 생각에 사로잡힙니다. 결국 어떤 경우든 주체에게 몸은 다루기 어렵고 외면할 수조차 없는 문제이자 시선에 의한 고통의 출처로 남습니다.

규범에 맞는 몸을 만드는 전략을 사용해 고통을 경감하기로 마음먹은 사람은 또 다른 난관을 마주합니다. 다이어트를 방해하는 현실적 한계들이 그것입니다. 현재 전문가 집단이 두루 인정하는 다이어트의 정론은 '적당량의 균형 잡힌 식사와 적절한 강도의 운동을 병행'하는 것입니다. 고열량의 기름지고 자극적인 음식을 피하는 대신 단백질과 기타 필수 영양소가 풍부한 음식을 조금 부족하다 싶은 양만 먹기, 불필요한 간식과 당류 섭취를 끊기, 유산소와 근력 운동에 충분한 시간을 할애하기 정도가 그 구체적 내용에 해당합니다. 이렇게 해서 한 달에 평균 2~3kg의 체중을 감량할 것을 권합니다. 바꿔 말하자면 다이어트는 익숙하게 하던 일을 그만하고 하지 않던 일을 새롭게 시작함으로써 생활 습관 전반을 바꾸는 실천입니다.

다이어트의 정론을 순조롭게 일상에 도입하기 위해서는 먼저 시간과 정신의 여유를 확보해야 합니다. 그런데 이 두 가지 여유는 하루의 대부분을 일하며 보내는 현대인-임금 노동자들에게 가장 부족한 자원입니다. 아침이면 출근 준비로 정신이 없고 사 먹는 점심과 저녁 회식 메뉴는 십중팔구 입에 착 붙는 맛에 푸짐한 양으로 승부하는 고열량의 음식입니다. 지친 몸을 이끌고 귀가한 후에는 쉬기만도 바쁘지 힘들게 운동까지 할 여력이 없습니다. 왠지 헛헛할 때면 영화나 드라마를 보며 야식에 맥주 한 캔을 곁들이는 게 최고의 '힐링'입니다. 그런 다음 내일을 위해 최대한 빨리 잡니다. 점심 도시락을 싸거나 회식을 피하는 것, 먹는 즐거움 대신 괴로운 운동을 선택하는 것은 상황의 한계를 뛰어넘을 만큼 강력한 의지를 요구합니다.

이런 와중에도 다이어트를 해 목표 체중에 도달하는 사람들은 있습니다만 이들의 의지가 특히 대단한 것이지 그렇게 못하는 사람들이 마냥 방만하다 말할 수 없습니다. 평범한 의지를 가진 사람들은 외부의 강제력을 빌려서라도 다이어트에 성공하려 합니다. 물론 오늘날 소용이 가능한 외부의 강제력이란 단식원과 다이어트 캠프, 다이어트 코칭, 비만 관리 에스테틱, 퍼스널 트레이닝처럼 섭식과 신체 활동을 일상의 맥락에서 분리해 재구성한 상품의 형식을 띠고 있습니다. 이 지점에서 관건은 경제적 자원, 즉 금전적 여유입니다. 상품화된 강제력의 가격은 비싸므로 오랜 기간 지속적으로 소비하기 어렵습니다. 더구나 돈을 주고 사는 것이 고통이니 더더욱 지속적으로 소비할 일이 없습니다. 당연히 소비를 멈추는 순간 강제력도 사라집니다.

이루어지든 말든 매력적인 단언과 약속

지금까지 열거한 조건들에 힘입어 판촉을 위한 담화의 경이로움, 시선을 끄는 부분, 강렬한 감정적 반응을 일으키는 요소가 그 외의 온갖 가치를 압도하는 다이어트 관련 상품의 핵심으로 자리 잡았습니다. 허위·과대 광고의 한길을 걸어온 다이어트 보조제 업체로서는 등에 날개를 단 격입니다. 클릭을 유도해 조회 수를 올리고자 선정적 썸네일과 제목을 채택하는 유튜브 영상처럼 다이어트 보조제의 광고는 단언과 약속의 형식을 앞세웁니다. "다이어트 성공의 길, 아침 공복에 한 병이면 끝", "49kg 이하 되고 싶은 분 급구, 원하는 만큼 빼 드림", "10일로 끝내는 다이어트", "불만족 시 100% 환불"…. 모든 다이어트 보조제가 단기간에 간편한 방식으로 원하는 만큼의 체중을 뺄 수 있다 단언하며 효과가 없을 경우 전액 환불도 불사할 것을 약속합니다.

다이어트 보조제는 각 상품이 강조하는 체중 감량 원리에 따라 크게 두 분류로 나뉩니다. 하나는 섭취한 탄수화물이 지방으로 전환되고 축적되지 않도록 해준다는 '칼로리 커팅제', 다른 하나는 신체의 물질·에너지 대사를 촉진해 많은 열량을 소모하게끔 만든다는 '칼로리 버닝제'입니다. 커팅제는 종류와 양에 제한을 두지 않고 음식을 먹어도 먹지 않은 것처럼 만드는 효과를, 버닝제는 가만히 있어도 장시간 운동을 한 효과를 낸다고 주장합니다. "지방을 근육으로 바꿔주는 신소재 함유"라든가 "체지방을 용해하고 흡착해 배출"한다는 식의 변주도 존재합니다만 아무튼 다이어트 보조제 광고의 공통된 요지는 섭식의 절제와 운동 없이 다이어트 보조제의 섭취만으로도 쉽고 편하게 살을 뺄 수 있다는 것입니다.

이는 전문가 집단이 제시하는 체중 감량의 정론과 정면으로 대립하는 이야기입니다. 담화의 대립 구도를 간략히 도식화하면 아래와 같습니다.

전문가 집단의 다이어트	다이어트 보조제 업체의 다이어트
왕도는 없다	비법이 있다
꾸준함이 필요하다	단기간에 끝낼 수 있다
한 달에 2~3kg씩 서서히 감량	10~14일에 10kg 이상의 신속한 감량
(식이 요법과 운동이라는) 규제를 요구한다	(식이 요법과 운동으로부터의) 자유를 선사한다
번거로움과 어려움이 따른다	쉽고 간편하다
지겹게 들어 다 아는 이야기	새로운 특허 성분, 신소재, 다이어트 혁신

담화의 대립 구도 때문에 다이어트 보조제 광고의 단언과 약속은 한없이 매력적으로 들립니다. 앞서 언급했듯 전문가들의

처방대로 익숙한 방식의 섭식을 중단하고 하지 않던 운동을 시작하는 일은 불쾌의 경험입니다. 맛있어서 좋아하던 음식 대신 심심한 음식을 적게 먹는 데다 힘든 운동까지 해야 하는 와중에 살마저 더디 빠진다면 '앞으로 얼마나 더 이 불쾌를 견뎌야 하나.'라는 생각이 절로 듭니다. 게다가 전문가들은 개인이 뺄 수 있는 체중과 그에 걸릴 시간을 단언하지 않습니다. 이처럼 다이어트의 정론은 '생각하고 행하기에 좋지 못한' 지침입니다.

반면 다이어트 보조제 업체가 제시하는 전망은 즐거움으로 가득합니다. 이 전망 속에는 보조제의 섭취라는 구체적이고도 알기 쉬운 비법이 존재하며 이를 실행한다면 짧은 시간 안에 날씬한 몸으로 변신할 수 있다는 희망도 있습니다. 이에 더해 다이어트 보조제는 익숙함으로서의 쾌를 포기하지 않고 계속 추구할 자유마저 보장합니다. "먹고 싶은 것 다 먹는, 굶지 않는 다이어트"가 된다니 골치 아프게 음식의 종류와 양을 통제할 이유가 없고, "취침 전 한 알이면 자는 동안 890kcal를 삭제"해준다는데 열심히 한들 시간 당 겨우 250kcal 남짓을 소모하는 운동에 힘과 시간을 쓸 필요도 없습니다. 구매 비용 또한 한 통에 4~5만 원 선으로 비교적 저렴한 편입니다. 빠른 시일 내에 간편하게 성취가 가능한 극적 성공에 관한 약속, 이에 마음이 끌리는 것은 자연스러운 현상입니다.

그런데 동일한 제품에 관한 설명임에도 소셜 미디어의 광고 페이지와 제조·판매사의 공식 웹사이트에 나타나는 담화의 내용과 어조에는 차이가 있습니다. "연육 다이어트"를 표방하는 한 보조제의 사례를 보면 소셜 미디어에서는 "겹겹이 쌓인 지방층을 녹여주"고 "살이 너무 잘 빠진다."는 식의 구체적 표현을 쓰며 다이어트에 결정적으로 기여하는 기적의 보조제인 양 광고하더니 공식 웹사이트에서는 "가벼운 하루 시작을 위한 설계", "남들 몰래 예뻐지는 비결", "기분 좋은 변화" 따위의 뜬구름 잡는 소리만 합니다. 체중 감량이나 다이어트를 직접 언급하지도 않습니다. 단언도 약속도 온데간데없습니다. 대신 "본 제품은 의약품이 아닌 일반 식품"이며 식품 유형은 캔디류라는, 그러니까 파인애플과 기타 원료 추출물을 넣은 사탕에 지나지 않는다는 사실을 순순히 실토합니다.

이는 식약처의 허위·과대 광고 적발을 피하기 위해 다이어트 보조제 업체들이 두루 사용하는 잔꾀입니다. 같은 목적에 따라 각 제품을 광고하는 소셜 미디어 페이지들은 게시물의 자진 삭제와 업로드를 주기적으로 반복합니다. "2시간 동안만 55% 할인 초특가로 살 수 있는 링크", "한정 수량 비밀 링크" 등의 표제를 붙여 허위·과대 광고 게시물의 삭제를 정당화하고 소비자에게 지금 당장 제품을 사야 이득을 본다는 느낌을 줍니다. 이쯤 되면 "불만족 시 100% 환불"이라는 약속도 무상합니다. 제조·판매사는 공식 웹사이트에 특정한 기대 효과를 명시하지 않았고 '떴다방'과 마찬가지인 소셜 미디어 페이지에 책임을 묻기도 어렵습니다. 법적 조치를 취하려면 제조·판매사와 허위·과대 광고의 주체인 소셜 미디어 페이지 사이의 연관 관계를 규명해야 할 텐데 이 역시 난감한 일입니다. 그래서 비싸 봤자 몇 만 원밖에 안 하는 것, 그냥 돈 버린 셈 치고 잊는 소비자가 대다수입니다.

제로면 다행이지만 마이너스가 되니까

다이어트 보조제의 효과가 미미하다면 단지 쓸모가 없을 뿐 유해한 것은 아니니 괜찮다고 생각하는 분들이 있을지도 모르겠습니다. 하지만 다이어트 보조제와 이것에 의지하는 다이어트는 해롭습니다. 때로는 몸에 안 좋고[16] 정확한 현실 인식, 자아에 대한 태도, 자아 내·외부의 갈등을 조율하는 통제력, 자율적으로 과업을 완수하는 능력을 조건으로 성립하는 정신 건강에는 확실히 부정적 영향을 줍니다. 여기서 주로 살피려 하는 것은 다이어트 보조제의 심리적 부작용입니다. 첫째로 객관적 현실의 파악과 수용을 방해하는 효능감의 환상, 둘째로 불필요한 좌절의 경험에 의한 무력감과 자기혐오의 강화, 마지막으로 의학적 조치가 시급한 상황에서 전문 의료의 개입을 떠올리지 못하게 만드는 영향을 꼽을 수 있습니다.

첫 번째 부작용인 효능감의 환상은 다이어트 보조제의 허위·과장 광고 중 "식단 관리와 운동 없이도 살을 뺄 수 있는 비법"이라는 담화와 밀접한 연관을 지닙니다. 저 말은 다이어트 보조제의 섭취가 종합적 실천으로서의 다이어트와 동일하다는 의

미입니다. 담화에 포섭된 사람들은 기존의 생활에 다이어트 보조제의 섭취만을 더한 채 자신이 '본격적 다이어트에 도전하는 중'이라 믿으며 이상적 자아로 변신할 날을 고대합니다. 몇몇 다이어트 보조제의 광고에는 "적절한 식단 관리와 운동을 병행하면 더 좋습니다."라는 다이어트의 정론을 담은 구절이 작은 글씨로 적혀 있습니다. 그리하면 더 좋다는 것이지 그래야만 효과가 있다는 말은 아니기에 사람들은 이 권고를 따르거나 따르지 않습니다. 다이어트 보조제 덕에 1~2kg가량 체중을 감량했다는 이들은 보통 권고를 따른 쪽입니다. 물론 조심스레 먹고 충분히 운동하면 다이어트 보조제 없이도 한 달에 2kg은 빠집니다.

효능감의 환상은 두 번째 부작용인 무력감과 자기혐오의 강화를 낳습니다. 정해진 기간에 다이어트 보조제를 꼬박꼬박 챙겨 먹었지만 체중이 그대로일 시 주체는 이 사태를 '다이어트 실패'로 규정하고 좌절합니다. 실질적으로는 다이어트를 수행한 적이 없으니 실패라 규정할 결과도, 좌절할 이유도 존재하지 않지만 광고의 담화에 사로잡힌 사람의 의식 내에서는 다이어트와 그 실패가 실재하는 사건입니다. '반드시 살이 빠진다는 다이어트 보조제까지 먹었는데도 다이어트에 실패한 나'라는 자기 인식은 이후 주체를 둘 중 하나의 방향으로 유도합니다. 다이어트 보조제를 선택하기 이전의 다이어트 경험이 적은 사람은 더 극단적 방식의 다이어트를 시도합니다. 각양각색의 다이어트를 거쳐 마지막 도전으로 다이어트 보조제를 찾은 사람은 거듭되는 좌절에 지쳐 다이어트 자체를 포기합니다.

일부 다이어트 보조제는 "일반인은 제발 먹지 마세요. 고도 비만용 제품", "고도 비만 전용 전신 다이어트 미국 알약"과 같은 홍보 문구를 내세웁니다. 고도 비만이란 체질량지수^{BMI} $35kg/m^2$ 이상으로, "3단계 비만"[17]이라고도 부릅니다. 대한비만학회는 제2형 당뇨병, 고혈압, 관상동맥질환, 수면무호흡증 등[18] "동반 질환의 위험도가 가장 높은" 3단계 비만이 "엄격한 식사 치료, 운동 치료, 행동 치료는 물론이고 약물 치료를 필요로 하는 경우가 많"음을 강조하면서 때에 따라 "수술 치료도 적극적으로 고려해야 한다."[19]고 밝혔습니다. 그러나 다이어트 보조제의 담화는 진지한 의료적 접근을 요하는 '질병'인 3단계 비만조차 손쉽게 해결할 수 있는, 별일 아닌 문제로 축소합니다. 진짜 의사와 만나야 할 사람으로 하여금 유사 의학을 소비하며 시간을 허비하게끔 유도하는 것, 종국에는 치료 개념의 다이어트와는 더 멀어지게 만드는 것이 다이어트 보조제의 세 번째 부작용입니다.

몸을 바라보고 생각하는 새로운 기술을

사회-타인의 시선과 이를 내면화한 자신의 시선 앞에 선 몸이 고통의 출처며, 규범에 꼭 맞는 몸을 얻으면 고통에서 벗어나리라는 전망이 다이어트의 동기가 되고, 익숙한 즐거움을 생경한 불쾌로 대체하는 과정이 다이어트라는 겹겹의 난처함 때문에 사람들은 속전속결로 다이어트에 성공하기를 소망합니다. 그래서 절박한 주체일수록 다이어트 보조제에 큰 기대를 걸며 심리적 부작용 또한 더욱 강렬하게 경험합니다. "안 해본 다이어트가 없"는데 "모두 실패"하거나 "요요 현상 때문에 원래 체중으로 돌아왔"고 "마지막 다이어트라는 마음"으로 다이어트 보조제를 구매한, 그런 절박한 주체 말입니다. 사회와 주체의 일반적 욕망을 겨냥하는 다이어트 보조제의 담화는 빠르게 대량의 체중을 감량하는 일 이상도 이하도 아닌 평면적인 무언가로 다이어트를 재현합니다.

그러므로 지금 고안해야 할 것은 급속한 체중 감량을 위한 전략의 거짓 다양성이 아니라 몸을 바라보고 생각하는 하나의 새로운 기술[art]입니다. 기술의 고안에는 늘 성찰하는 질문이 앞섭니다. 왜 다이어트를 하며 이를 무엇이라 정의하는가, 그 정의는 적합한가, 사회의 시선과 자아 사이의 긴장 혹은 불화를 어떻게 조율할 것인가는 다이어트를 하는 주체의 자문자답이 필요한 물음입니다. 일정 기간에 고행하듯 체중을 감량한 후 이전의 생활로 재빨리 돌아간다면 그에 맞춰 체중도 신속히 복구됩니다. 이러한 요요 현상은 신비한 저주도 다이어트의 부작용도 아닙니다. 한계를 내재한 다이어트 전략에 따르는 당연한 결과입니다.

다이어트를 결심했다면 이를 과체중인 자아가 겪어야 할 형벌처럼 집행하지 말고 일상에 유익한 생활 습관을 조금씩 도입하는 긍정적 계기로 삼는 편이 낫습니다. 덴마크, GM, 디톡스, 클

렌즈, 원푸드, 황제, 마녀스프, 물 단식…. 안 해본 다이어트가 없다 함은 자아에게 다채로운 형벌을 주느라 근본적 생활 습관의 자각과 개선에는 주의를 기울일 틈이 없었다는 말과 같습니다. 새로운 습관이 '아무렇지도 않은 것'으로 정착하는 순간을 맞이하려면 주의를 기울이되 강박에는 붙들리지 않는 기술이 절실합니다.

사회적 층위에서 답해야 할 질문들도 있습니다. 몸에 관한 우리의 인식이 체중으로 수렴하는 심미성의 가혹한 기준에 매몰되지 않는가, 과체중이거나 비만인 몸이 온갖 부정적 속성의 증거라 굳게 믿으며, 더 나아가 그러한 생각을 거리낌없이 표출함으로써 "비만 낙인"을 강화하고 재생산하는 것이 사회적 문제로서의 비만 인구 증가의 해결과 개개인의 신체적, 정신적 건강 증진에 도움이 되는가, 도리어 "비만에 대한 고정 관념과 차별이 비만인들에게 추가적 건강 위협 요인으로 작용"[20]하지는 않는가 등입니다.

체형에 시선이 닿는 순간 직관적으로 떠오르는 인상까지는 어쩔 수 없다 치더라도 그와 같은 마음이 차별하는 말과 행동으로 나타나는 것은 주의와 노력을 기울이면 막을 수 있습니다. 개인의 의지에만 집중하는 대신 "비만 환자들이 적극적으로 비만을 인지하고 치료의 길에 들어설 수 있도록 사회적, 의학적 여건을 조성"[21]하는 데 힘을 쓰는 자세가 모두에게 자연스레 받아들여진다면, 다수가 그런 사회적 기술을 보편적인 것으로서 공유하는 때가 도래한다면 죽지도 않고 또 오는 다이어트 보조제들의 생명도 다할 것입니다.

4. 현대인의 SNS 사용법: 돌진하는 주체와 파라소셜한 것

몹시 쉬운 일, SNS 친구 1,000명 만들기

현실에서 친구 1,000명을 만드는 것은 힘든 일입니다. 하지만 SNS에서는 어렵지 않습니다. 페이스북을 예로 들어보겠습니다. 침대에 누운 채로도 시스템이 제공하는 '알 수도 있는 사람', '함께 아는 친구'의 명단을 열람함으로써 '페친', 즉 페이스북 친구가 될 만한 타인들의 존재를 한눈에 파악할 수 있습니다. 친구가 되는 절차 역시 간단합니다. 이쪽에서 '친구 추가', 저쪽에서 '요청 확인' 버튼을 누르기만 하면 페친 맺기가 완료됩니다. 그렇다면 SNS는 관계 맺기의 가능성을 확장했을까요? 외견만 보자면 그러는 듯합니다. 확실히 SNS는 개개인을 연결하는 데 능한 매체이고 상호 작용의 양적 증가에 기여합니다.

SNS와 관계 맺기의 가능성이라는 주제를 생각함에 진정으로 중요한 질문은 다음의 두 가지입니다. 첫째, SNS를 통해 성립하는 연결과 상호 작용의 성격과 효과가 관계 자체에 충실한가? 둘째, SNS상의 관계 맺기는 현실의 사회적 관계에 대해 무엇으로써 기능하는가?

SNS 속 관계의 세 가지 유형

두 질문을 검토하기 위해 일단 SNS 속 관계의 유형을 세분화할 필요가 있습니다. 그것이 현실의 사회적 관계와 얼마나 밀착하는가의 여부를 기준으로 ① 현실의 사회적 관계와 일치하는 관계, ② 현실의 사회적 관계로 발전할 잠재성이 큰 관계, ③ 오직 SNS에서만 유효한 관계의 셋으로 나눌 수 있겠습니다. ①은 원래부터 가까웠던 사람들이 SNS에서도 친구를 맺을 때 나타나는 형태의 관계입니다. ②는 동종 업계에 종사하거나 세계관, 사고방식, 문제의식, 활동 반경이 유사하기에 훗날 현실에서 서로를 대면하고 친밀한 관계로 발전할 가능성이 높은 사람들이 미리 SNS 친구를 맺는 경우입니다. ③은 페친으로 시작해 영원히 그 상태를 유지하든 어느 순간 한쪽이 페친을 끊든 둘 중 하나로 귀결하는 관계를 가리킵니다.

사실상 ①과 ②는 SNS를 통하지 않아도 성립하고 깊어지는 데 아무런 어려움이 없는 관계의 유형들입니다. 이와 같은 관계로 묶이는 사람 사이에는 관계 성립의 조건이 되는 실질적 공통성들과 더불어 인간적 호기심과 호감, 상대와 엮여야 할 이유와 그러려는 의지가 비슷한 수준으로 존재합니다. 반면 SNS에 전적으로 의존하는 관계 유형인 ③은 실질적 공통성 대신 알고리즘이 포착할 수 있는 추상적이고 단편적인 유사성이, 관심과 의지의 상호성보다는 일방향성이 지배적인 경우가 대부분입니다. 따라서 SNS가 관계 맺기의 가능성을 확장했느냐는 물음에 제대로 답하려면 '③ 오직 SNS에서만 유효한 관계'에 주목해야 합니다.

어떤 사이인지를 나 혼자 결정하는 관계 맺기

자기 눈에 '보잘것없는' 타인에게 페친 신청을 보내는 사람은 없습니다. 아름다운 외모, 그럴싸한 직업, 외제 차와 고급 시계가 찍힌 사진이 암시하는 재력, 지적 역량의 탁월성, 예술적 재능, 아니면 유명세 그 자체…. 뭐가 되었든 상징계의 논리에 의해 선망할 만한 구석이 있는 것으로 간주되는 타인, 요컨대 자신의 욕망을 매개하는 중개자이자 모델인 타자[22]와 페친이 되기를 사람들은 원합니다. 페친 맺기의 이러한 측면은 피규어 수집과 닮았습니다. 애니메이션이나 영화의 등장인물 중 끌리는 캐릭터들의 피규어를 여럿 모아 놓은 진열장이 수집가에게 즐거움을 주듯 동경의 대상들로 채운 페친 목록은 욕망하는 주체로 하여금 유의미한 '인맥'을 형성했으며 '그중 하나'가 됨으로써 욕망의 충족에 근접했다는 기분을 느끼게끔 합니다.

그가 방문한 장소, 어울리는 사람들, 읽는 책, 보는 영화, 듣는 음악, 먹는 음식…. 과거에는 친분을 쌓는 직접적 경험을 거쳐서야 조금씩 알았을 타자의 일상을 페친이 되면 곧바로 그리고 낱낱이 들여다볼 수 있습니다. 더 나아가 SNS는 '선망하는 주체'가 "'돌진^{élan}'[23]하는 주체'로 이행할 기회들을 넉넉히 제공합니다. 좋아요, 멋져요, 힘내요 등의 아이콘을 누르거나 댓글을 다는 등의 행위를 통해 주체는 동경의 대상에게 자신을 드러내고 그의 일상에 진입하려 합니다. 덕분에 상대의 친밀한 교제 범위에 실제로 포함되지 않음에도 주체는 그와의 정서적 거리가 매우 가깝다는 주관적 신념을 가집니다. 욕망을 매개하기 때문에 선망의 대상이 되는 한편 손을 뻗으면 닿을 만큼 가까운 것 같은 존재로, SNS의 타자는 주체의 인식에 자리매김합니다.

그런데 앞서 언급했듯 현실의 관계는 그것을 향한 의지가 상호적으로 작동할 때 성립합니다. 욕망하는 주체에게는 그가 선망하는 타자와의 상호 작용이 보상으로 기능하지만 선망의 대상이 된 타자는 (그가 선망할 만하다 여기는 또 다른 대상이 있을지언정) 대체로 자신과의 관계를 욕망하는 주체와의 교류에 무심합니다. 실상 이는 악의를 가지고 일부러 무시하는 게 아니라 특별한 생각이 없는 상태에 가깝습니다. 애초에 클릭 한 번이라는 행위의 간편함을 통해 상호 작용의 심리적 부담을 최소화한 매체가 SNS며 모르는 사람과의 페친 맺기는 SNS의 이러한 쉽고 가벼운 특성 덕분에 성립할 수 있었습니다. 이와 같은 상황에서는 자신에게 돌진하는 사람 모두에게 깊은 관심을 기울이며 적극적으로 반응하는 것이 오히려 특이한 일입니다.

그런 관계가 관계인지 아닌지

이렇게 놓고 보면 SNS에 고유한 상호 작용과 관계의 특성이 분명하게 드러납니다. 바로 관계를 원하는 주체의 단독적 결정에 따라 온갖 과정이 이루어진다는 점입니다. SNS에서 관계를 욕망하는 주체가 대상을 고르고, 관찰하고, 돌진하는 일련의 시도는 전적으로 일방적 행위입니다. 같은 맥락에서 SNS의 상호 작용은 그 밀도가 매우 낮습니다. 관심 있는 사람에게 아무 때에 아무렇게나 아무 말을 건네는 식의 자의적 개입은 관계 그 자체가 아니라 내가 원하는 대로 관계를 관리하고 싶다는 소망에 충실하며, 더 나아가 그렇게 할 수 있다는 환상을 강화합니다.

게시물을 통해 선망하는 타자의 일상을 열성적으로 관찰하고 꾸준히 '좋아요'도 눌러 온 주체는 그런 만큼 그를 잘 알고 그에게 감정적으로 헌신했다고 믿습니다. 관계를 향한 욕망에 사로잡힌 주체는 다음의 두 가지 진실을 자주 잊습니다. SNS에 업로드되는 게시물은 한 사람의 내밀한 삶과는 거리가 먼, 알맞게 재현된 일상의 편린들에 지나지 않으며 여기서 누군가에 관한 깊은 이해를 얻기 어렵다는 진실과 감정적 헌신이라 치부하기에는 아이콘을 누르는 일이 너무나도 쉽고 가벼운 행위라는 진실입니다.

선망의 대상이 욕망하는 주체의 일방적 돌진에 반응하지 않을 때, 즉 자신이 표현하는 '내적 친밀감'에 상응하는 관심을 되돌려주지 않을 때 주체는 혼자만의 당위에 입각한 실망과 배신감을 느끼고 좌절합니다. 그래서 비록 자신이 먼저 보낸 신청에 의해 맺은 페친임에도 원하는 만큼의 교류가 따르지 않는다는 이유로 관계를 정리하는 경우도 많습니다. 상대의 확인을 거칠 필요가 없는 '페친 삭제'는 페친 맺기보다 더 간편한 절차입니다.

누군가의 일방적 만족감을 위해 소용이 가능한 관계는 존재하지 않습니다. 양자가 충분한 시간을 들이는 가운데 상대를 향해 조심스레 다가가는 시도들, 그 와중에 넘지 말아야 할 '선'이 어디쯤인지를 파악하려는 정서적 노력, 공통점과 차이점을 알고 이를 잘 다루기 위해 고민하는 시간, 각자의 약점을 동등하게 견딘다는 무언의 맹세와 같은 상호성의 작동을 관계는 요구합니다. 이는 SNS에 고유한 관계에는 필요 없는, 어렵고 피곤한 일들입니다. 그래도 어쩔 수 없습니다. 어렵고 피곤한 절차 속에서만 관계의 가능성은 열리고 또 지속될 수 있습니다.

그러므로 자신이 원할 때 자신이 원하는 모두와 자신이 원하는 방식으로 이른바 '공감'을 얻고 '소통'을 할 수 있다는 식의 자아 중심적 발상에 대응하는 것은 사회적 관계가 아닌 준사회적 관계parasocial relationship입니다. 'para-(준)'라는 접두사는 무엇과 흡사하지만 완전히 동일한 자격을 갖추지는 못한 상태를 가리킵니다. 'quasi-(유사의)'와 그 의미가 비슷합니다. 결국 준사회적 관계란 표면상 사회적 관계인 양 보이지만 그 내용은 사회적 관계에 미치지 못하는, 사회적 관계가 아닌 어떤 것입니다. 사회적 관계 속에서 인간은 필연적으로 깨지고 닳으며 성숙하는 반면에 "자아 생산 장치"[24]로서의 SNS에 기반한 준사회적 관계 속의 인간은 그러한 훼손을 겪지 않습니다.

준사회적 관계라는 이름의 판타지

> "준사회적 관계는 더 큰 사회적 불안, 회피적 애착 그리고 외로움을 불러온다. (…) 실제 관계가 미치지 못한 결핍을 보충할 수 있다는 가능성에 의존한 것이 오히려 중독으로 이어지게 된 것이다."[25]

전문가들은 준사회적 관계의 한계와 역효과를 강조합니다. 사회적 관계에 대한 결핍을 느끼는 사람일수록 준사회적 관계를 맺고 유지하는 데 많은 시간과 관심을 할애합니다. 그러나 마지막에 남는 것은 "더 큰 사회적 불안, 회피적 애착 그리고 외로움"이라는 부정적 정서입니다. 여기서 벗어나기 위해 SNS에 전보다 몰입하는 가운데 '관심과 지지'를 얻고자 애써도 다시금 남는 것은 한층 심화된 사회적 불안, 회피적 애착, 외로움입니다. 실제로 현실에 충실한 관계를 맺지 못한다면 자신의 SNS 게시물에 (심지어 글을 읽지 않고도 누를 수 있는) 좋아요, 멋져요, 힘내요 아이콘이 수십 개 쌓인들 변하는 것은 없습니다. 게다가 준사회적 관계에 의존할수록 실제 사회적 관계에 필요한 역량은 필연적으로 축소됩니다. '통 속의 뇌'가 되어 SNS로 완전히 이주한다면 이야기는 달라집니다만 아직 그런 일이 가능한 세상은 오지 않았습니다.

> "(SNS에서) 오늘날 운위되는 공감과 소통은 인간의 자연스러운 교감의 욕망이 아니다. 그것은 타인으로부터 획득해야 할 일종의 자원이며 공감과 소통의 욕망은 사실 그 자원을 착취하고픈 욕망과 동일한 것이다."[26]

SNS에 만연한 것은 관계의 가능성이 아니라 관계를 향한 욕망, 그중에도 '자기가 편하고 즐거운 관계를 향한 욕망'입니다. 그렇지만 그런 것은 관계가 아닙니다. SNS는 준사회적 관계가 곧 사회적 관계라는 환상을 선사합니다. 하지만 준사회적 관계는 사회적 관계가 아닙니다. 현실에서 사회적 관계의 결핍을 느낀다면 현실의 사회적 관계로써 이를 해결하는 수밖에 없습니다. 어려운 일이고 막막한 말임을 압니다. 하지만 길이 아닌 곳에서 길은 찾기 어렵습니다.

어쨌거나 SNS는 '재미'있는 게 맞습니다. 이에 더해 사회적 동물인 인간은 타인들의 관심과 호감을 얼마나 얻느냐의 여부에 완전히 초연하지 못합니다. 다만 환상을 위해 현실을 지나치게 외면하거나 착취하지는 않았으면 좋겠습니다. "도망쳐서 도착한 곳에 낙원이란 있을 수 없"²⁷으니까요.

5. 어떤 욕망의 (여러) 이름 (중 하나)인 오마카세

오마카세라는 방식, 경험, 콘텐츠, 장

한동안 SNS와 인터넷 커뮤니티에서 오마카세お任せ가 뜨거운 화두였습니다. 너 나 할 것 없이 오마카세에 다녀온 후기와 사진을 올렸고 그에 관해 많은 말이 오갔습니다. 2010년의 수제 버거와 라멘, 2013년의 프리미엄 김밥, 2015년의 치즈 등갈비, 2018년의 냉동 삼겹살과 소곱창, 2019년의 마라탕까지[28]…. 음식의 유행은 늘 있었으며 유행하는 음식을 먹고 그 경험을 인터넷에 공유하는 행위 양식이 정착한 지도 퍽 오래됐습니다. 한데 오마카세의 유행은 두 가지 독특한 양상을 동반합니다.

첫째, 음식의 유행에서 대개는 품목, 즉 메뉴가 핵심인 반면에 오마카세의 경우에는 음식을 제공하는 방식과 더불어 여타의 정형화된 외적 요소들이 두드러집니다. 유행의 시발점은 스시 오마카세였지만 이내 한우, 치킨, 순대 등 온갖 메뉴를 다루는 오마카세 식당들이 등장[29]했으며 예약제로 운영되는 카운터 좌석 위주의 예쁜 가게에서 다소 비싼 식대를 치르고 요리사가 차례대로 내주는 음식을 먹는 것이 오마카세라는 인식이 널리 퍼졌습니다. 선택권을 요리사에게 일임함으로써 발생하는 취식 품목의 임의성과 일회성을 지시하던 오마카세의 의미가 일정한 종합적 양식에 입각해 이루어지는 외식 경험의 총체를 가리키는 데까지 확장된 것입니다.

둘째, SNS와 오마카세 관련 인터넷 커뮤니티에서는 오마카세 식당들을 평가해 등급과 순위를 매기는 작업이 주요한 콘텐츠[30] 중 하나입니다. 비교적 역사가 길고 식당 수도 여럿인 스시 오마카세 부문에서 이와 같은 현상이 가장 뚜렷하게 나타납니다. 치열한 예약 경쟁을 뚫고 상급·상위의 식당에 다녀왔음을 자랑하는 '인증'이나 유명 식당에서 질이 떨어지는 재료를 썼다든지 미숙한 서비스를 제공해 실망했다는 식의 평이 담긴 '솔직 후기'는 언제나 큰 호응을 얻습니다. 여러 식당을 다니며 꾸준히 게시물을 올리는 유저는 '네임드'가 되고 네임드의 추천 식당에는 더 많은 손님이 몰립니다. 이렇게 축적된 커뮤니티 유저들의 경험은 다시 오마카세 식당의 순위를 조정하고 갱신하는 작업의 근거로 활용됩니다.

오마카세, 불호하거나 애호하거나

인터넷 공간에서 오마카세는 단순한 취식의 품목 혹은 외식의 양식을 넘어 '대립하는 태도들'을 현시하는 가치 판단의 대상이자 장場으로 존재하고 기능합니다. 개략하자면 한편에는 오마카세를 극도로 불호하는 관점이, 다른 한편에는 몹시 애호하는 관점이 있습니다. 앞서 언급한 오마카세와 그 유행의 두 가지 양상, 즉 ① 오마카세가 고가의 소비재이자 외식 유형인 까닭에 '고급스러운 라이프 스타일'을 상징하는 상품으로서 현전하며 때로는 이러한 상징성이 품목의 실질적 가치보다 우선하는 듯 보이는 경향과 ② 좋게 말하면 열정적이고 나쁘게 말하면 극성스러운 '소비 취향의 공동체'의 활동을 인터넷 커뮤니티와 소셜 미디어가 가시화하고 사방에 전파하는 상황이 관점 사이의 대립을 구성하고 또 심화합니다.

오마카세를 불호하는 이들은 상품 겸 소비의 양식인 오마카세가 사회 구성원들로 하여금 마땅히 지켜야 할 도덕률을 위반하게 만든다고 여깁니다. 이 도덕률은 소득에 맞는 생활 수준의 추구, 합리성에 기반을 둔 소비, 미래를 대비한 근검절약으로 대표되는 경제적 규범의 외양을 띱니다. 이들이 보기에 상품인 오마카세는 음식인지라 먹으면 끝이고 소비 양식으로서의 오마카세는 평범한 코스 요리에 이름만 달리 붙인 상술에 지나지 않습니다. 따라서 오마카세의 애호는 오늘날 소비의, 더 나아가 일상 운영 전반의 지배적 준칙으로 정착한 '가성비 추구'를 위반하는,

어리석은 데다 옳지 못한 행위로 간주됩니다. 오마카세 관련 게시물에 빠지지 않고 등장하는 "그 돈이면 OO 실컷 먹는다."는 댓글이 그러한 정서를 반영합니다.

2023년 3월 12일, 일본의 인터넷 신문 『데일리신초』가 "오마카세는 한국 젊은이들의 사치의 상징"[31]이라 평한 사건이 오마카세를 불호하는 여론의 분출과 확산에 큰 영향을 끼쳤습니다. 이 사실을 보도한 한국 언론사들의 기사에는 "외부에서 손가락질 받지 않게 정신 차리고 살자", "자기의 분수를 넘는 짓들을 하니 꼴불견", "만 원짜리 김치찌개 백반이 더 훌륭할 수 있다는 걸 젊은 친구들이 느껴야 할 텐데"[32]와 같은 댓글이 여럿 달렸습니다. 게다가 SNS에 즐비한 오마카세 자랑이 평균 소득과 생활 수준에 관한 대중의 인식을 왜곡하는 데 큰 몫을 한다고 지적하는 이들[33]도 있습니다. 이처럼 오마카세를 불호하는 관점에는 경솔한 쾌락 추구, 사치, 허세 등의 부도덕을 향한 반감이 깔려 있습니다.

오마카세를 애호하는 이들은 오마카세의 소비를 "특별한 경험"이자 자신의 "'안목'을 키워주는 일종의 '투자'"[34]라 생각합니다. 좋은 음식의 음미, 각별한 대접을 받는 느낌, 세련된 장소의 일부가 되는 기분 등을 포함하는 심미성 추구가 오마카세 애호의 중심에 자리한 가치입니다. 귀한 식재료와 섬세한 조리법에 관한 요리사의 설명을 들으면서 '교양'을 쌓을 수 있다는 것 역시 오마카세의 장점으로 꼽힙니다. 그래서 오마카세를 애호하는 관점은 가성비보다 '가심비'의 척도를 중시합니다. 이 지점에서 오마카세의 소비는 지극히 사적이고 주관적인 문제가 됩니다. 내가 마주한 대상이 왜, 어떻게 아름답고 좋은지, 그 가치를 돈으로 환산하면 얼마쯤일지의 판단은 어디까지나 저마다의 미감에 준해 이루어집니다.

아름다움을 향유하며 교양을 축적하기, 그렇게 축적한 교양을 심미성의 분별을 위한 역량으로 거듭 사용하기. 이 두 갈래의 의지는 '예민한 감각과 고상한 취향, 풍부한 지식을 지녔으며 자신이 감지한 아름다움을 능숙하게 표현할 수 있는 미식가가 되기'라는 목표를 향합니다. 그러므로 오마카세를 애호하는 관점에서 볼 때 오마카세의 소비는 나름의 윤리와 연결됩니다. "오마카세 스시는 '네타'와 '샤리'의 질이 다름. 구별하지 못하면 그냥 일식집 가는 게 낫지."라고 말할 수 있는 미식가는 그렇지 못한 사람보다 훨씬 다양하고 풍성한 기쁨으로 현재의 일상을 채우고 있다는 것입니다. 이러한 미식가의 형상은 권장과 금지의 통속적 규범에 얽매이는 대신 자기 자신의 취향을 따를 '자유'와도 통합니다.

오마카세 말고 오마카세가 암시하는 그것

한시바삐 바로잡아야 할 사치 풍조로 오마카세를 규정하는 입장과 오마카세를 통해 얻은 미감과 교양에서 비롯한 쾌快가 충분히 값지다고 주장하는 입장은 각자가 상대보다 더 나은 가치와 주체성을 추구한다고 확신합니다. 그 결과 대체로 오마카세를 둘러싼 발화들은 강렬한 정념을 실어 나릅니다. 오마카세를 불호하는 태도는 오마카세를 소비하는 사람들을 향한 혐오로 나아가기 일쑤인데 주로 젊은 세대와 여성이 도마 위에 오릅니다. 오마카세를 애호하는 태도의 경우도 마찬가지입니다. 오마카세 애호가들은 오마카세의 소비에 부정적인 사람들을 희미한 미감과 빈곤한 문화 자본의 소유자 정도로 여깁니다. 그렇기에 양자는 화해하지도, 서로를 이해하지도 못합니다.

그런데 한발 물러서서 보면 이들의 근본적 공통성을 발견할 수 있습니다. 일단 불호의 관점이든 애호의 관점이든 관점들이 실제로 포착하는 것은 오마카세가 아니라 상징계의 구조 내에 '시니피앙으로 존재하는 오마카세'입니다. 물론 오마카세에 대한 입장들 역시 정확히는 오마카세라는 시니피앙이 가리키는 무언가, 바꿔 말해 오마카세의 시니피에에 대한 입장들입니다. 앞서 언급한 내용을 통해 어느 정도 윤곽이 드러났듯 무분별한 쾌락, 사치, 허세, 미식, 기쁨, 자유 모두가 오마카세의 시니피에입니다. 시니피앙 오마카세가 부정성과 긍정성을 동시에 지시하는 것이 가능한 까닭은 대립하는 양 보이는 두 입장이 실질적으로는 단일한 형식의 가치관에서 파생된, 동일성의 상이한 항목들이기 때문입니다.

오마카세의 불호와 애호 둘 다 소비를 전제로 그것이 만드는 표면적이고도 지엽적인 차이에 관한 의식을 드러냅니다. 무엇을 소비하는 일이나 무엇을 소비하지 않기로 마음먹는 일이나 피차일반 '소비의 문제'입니다. 훗날의 풍족함을 기약하며 낭비를 죄악시하고 가성비를 따지는 일에 많은 공을 들이는 사람과 현재의 기쁨을 중시하는 가운데 맛있고 특별한 음식을 먹는 행위와 자존自尊의 실현을 등치[35]하는 사람 전부를 포섭하는 것은 어떻게 살지를 결정하는 주체성의 가장 유력한 실천이 곧 소비라는 사고방식입니다. 이 사고방식은 어떤 삶이 '좋은 삶'인가를 판단함에 물질의 풍족함 외의 다른 준거를 상상하지 못합니다. 요컨대 대립하는 태도들은 일치하는 가치관 위에서 그 가치를 실현하는 방법론의 차이만을 표현합니다.

이 또한 지나가리라, 다시금 돌아오리라

모든 개인이 능력껏 자신이 원하는 대로 소비할 수 있다는 형식적 자유와 기계적 평등이 진리의 위상을 차지한 세계에서 승리를 거두는 것은 "'선망, 질투 그리고 무력한 증오'라는 현대적 감정들"[36]입니다. 재현의 도구인 SNS와 인터넷 커뮤니티는 주체의 눈앞에 타인의 삶, 정확히는 전시하는 주체인 타인의 삶의 단편적 이미지들을 가져다 놓음으로써 형식적 자유와 기계적 평등의 가치를 강화합니다. 각자가 전시하는 바에 의지해 자아와 세계의 상을 그리는 경향 속에서 평균 소득과 생활 수준 또는 유저 대 유저, 여성 대 남성, 젊은 세대 대 기성세대 간의 차이처럼 포착하거나 감정적으로 반응하기 쉬운 같음과 다름은 문제가 되지만 이에 관한 의식이 한결 복잡하고 중요한 실질적 자유와 해방, 평등에까지 가닿지는 못합니다.

오마카세의 유행은 저무는 중입니다. "코드에 지배된 차이화/개성화 도식의 논리"와 그 구조 안에서 주체가 체험하는 긴장[37]을 동력으로 삼는 이상 각 유행의 수명은 필연적으로 유한합니다. 그러나 바로 그 조건 덕분에 유행 자체는 시작되고 지나가고 조금 다르게 돌아오기를 반복합니다. 오마카세, 파인다이닝, 호캉스, 골프 라운딩, 팝업 스토어, 다음에 올 어떤 것…. 유행의 내용을 채우는 낱낱의 이름들보다 이름들이 공통적으로 가리키는 욕망의 형식에 집중해야 할 이유가 여기에 있습니다. 종국에는 도덕적, 윤리적, 심미적 차원 모두를 포괄하는 좋은 삶의 추구 역시 가치에 관한 사유와 실천의 형식적 전환을 경유해서만 가능하기 때문입니다. 비록 전혀 다른 형식을 상상한다는 것은 무척 어려운 일이지만 그럼에도 그러한 상상을 구하고 계발하는 수밖에 없습니다.

1부 후주

1 「퇴근 후 피할 수 없는 '전화 한 통' … "근로시간 포함될까?"」, 『한국일보』, 2023. 4. 13.
2 「김민아 노무사와 '함께 푸는' 노동문제 ⑥: '업무시간 외엔 일 안 하기' 스마트 시대 시급한 권리」, 『한겨레』, 2023. 5. 4.
3 박정연, 「근로시간, 근로시간 단축 문제와 함께 생각해보고 싶은 '연결되지 않을 권리」, 『월간노동법률』, 제320호, ㈜중앙경제, 2018. 1, 99쪽 참조.
4 김태현, 「리뷰 전쟁: 기대와 실제 그리고 적대」, 『취향과 판단』, 제8호, 2022. 8.
5 「10조 원 다이어트 시장, '부작용'은 살찐다」, 『머니S』, 2019. 1. 9.
6 2018년 신설 당시의 부서명은 '사이버조사단'이었으며 2022년 2월 '사이버조사팀'으로 개칭했습니다. 「"허위·과대 광고 꼼짝 마" … 사이버조사팀·시민감시단 民·官 협력 확대」, 『문화일보』, 2023. 12. 12.
7 「고의·상습적으로 허위·과대 광고한 업체 점검 결과 발표」, 식품의약품안전처, 2019. 10. 16, 4~5쪽 참조.
8 「"먹고 잠만 자도 살 빠져요" 이 말 믿어? … 무려 33만 개나 팔렸다」, 『헤럴드경제』, 2023. 11. 9.
9 신현우, 『알고리즘 자본주의』, 스리체어스, 2024, 21~23쪽 참조, 26쪽 인용.
10 신현우, 앞의 책, 25쪽 참조, 23쪽 인용.
11 「직장인 89% "외모도 경쟁력" … 56% "외모로 인한 차별 경험"」, 『잡코리아X알바몬통계센터Press』, 2019. 6. 18.
12 임인숙·김민주, 「한국 다이어트 서바이벌 프로의 비만 낙인 재생산: '빅토리'와 '다이어트 워'를 중심으로」, 『한국여성학』, 제28권 4호, 한국여성학회, 2012, 7~10쪽 참조.
13 임지연·서윤호, 「한국 사회의 규범화된 몸 비판과 인정이론적 전환 모색」, 『아시아문화연구』, 제52권, 가천대학교 아시아문화연구소, 2020, 105쪽.
14 마쓰모토 타쿠야, 『향락사회론』, 임창석·이정민 옮김, 에디투스, 2024, 225~226쪽 참조.
15 이민선·이현화, 「소셜 미디어에서 나타나는 신체 긍정주의와 표현 방법, 여성의 주관

적 신체 사이즈 인식이 기분 상태와 외모 만족도에 미치는 영향」, 『한국의류산업학회지』, 제22권 2호, 한국의류산업학회, 2020, 170~171쪽 참조.

16 대개 빠르고 극적인 체중 감량을 기대해 같거나 비슷한 성분의 다이어트 보조제 여럿을 함께 먹을 때 일어나는 일로, 제품 표시의 1일 섭취량, 섭취 방법, 주의 사항을 숙지함으로써 예방할 수 있습니다. 예시로 체지방 감소에 도움을 주는 기능성 원료 2~3종과 배변 활동을 돕는 기능성 원료 1종을 함유한 다이어트 보조제(건강 기능 식품) 3종을 1~2개월에 걸쳐 한꺼번에 섭취한 결과 간 수치가 급등하고 황달 증상이 나타나 입원 치료를 받은 사례가 있습니다. 「건강 기능 식품 섭취 주의 사례: 다이어트 제품」, 식품의약품안전처, 2018. 5. 18. 참조.

17 「비만의 진단」, 『비만 진료지침 2022 8판 요약본』, 대한비만학회, 2022. 12. 30, 4~5쪽.

18 대한비만학회의 비만 동반 질환 참조. https://general.kosso.or.kr/html/?pmode=obesityDisease

19 「늘어나는 젊은 비만 인구 … 3단계 비만 유병률 1% 돌파」, 『파이낸셜뉴스』, 2024. 2. 20.

20 임인숙·김민주, 앞의 논문, 2쪽.

21 앞의 기사, 『파이낸셜뉴스』.

22 르네 지라르, 『낭만적 거짓과 소설적 진실』, 한길사, 김치수·송의경 옮김, 2001, 23~29쪽 참조.

23 르네 지라르, 앞의 책, 53쪽.

24 한영인, 『갈라지는 욕망들』, 215~216쪽 참조, 216쪽 인용.

25 「유튜브 중독, '준사회적 관계'가 실제 관계 대체할 수 있나」, 『정신의학신문』, 2019. 11. 29.

26 한영인, 앞의 책, 219쪽. 괄호 안의 내용은 필자가 넣은 것입니다.

27 미우라 켄타로, 『베르세르크』, 주인공 가츠의 대사 인용.

28 「aT 외식 트렌드: 외식 인기 메뉴 및 트렌드 변천사 2010~2019」, 『월간식당』, 제416호, 한국외식정보㈜, 2019. 11, 92~101쪽 참조.

29 「뭔가 특별한 분위기에 홀려, 1인 5만 원 '티 오마카세' 열풍」, 『중앙선데이』, 2024. 1. 8.

30 디시인사이드의 오마카세 마이너 갤러리(2020년 2월 28일 개설)에서 만든 문서인 「국내 스시야 랭킹」이 대표적입니다. 1인당 저녁 시대 기준 11만 원 미만은 엔트리급, 19만 원 미만은 미들급, 25만 원 이하는 하이엔드급, 25만 원 초과는 초하이엔드급으로 분류한 후 각 등급 내에서 구글, 네이버, 카카오, 망고플레이트, 캐치테이블의 평점과 리뷰 수에 따라 순위를 나열한 표입니다.

31 「일본 매체, "한국 오마카세 열풍, 젊은이들 사치와 허세"」, 『경향신문』, 2023. 3. 13.

32　앞의 기사, 『경향신문』.「"허세 심한 한국 커플, 오마카세 먹고 자랑" … 日 매체 또 사치 지적」, 『조선일보』, 2023. 3. 13.

33　「"호텔? 오마카세? 골프? 다 허세 … 인스타그램 믿지 말자"」, 『세계일보』, 2023. 6. 16.

34　「고급 레스토랑(파인다이닝, 오마카세 등) 관련 U&A 조사」, ㈜마크로밀엠브레인, 2022. 1, 6~9쪽 참조.

35　앞의 보고서, ㈜마크로밀엠브레인, 6쪽 참조.

36　르네 지라르, 앞의 책, 120쪽 참조와 인용.

37　장 보드리야르, 『소비의 사회』, 문예출판사, 이상률 옮김, 1991, 136~137쪽 참조와 인용.

2부
영상 이미지의 조각들

1. 의적 로빈 후드, 로빈 후드, 후드

옛날 영화와 요즘 영화를 나란히 놓고 보는 재미

가끔 옛날 영화를 다시 봅니다. 이때 '옛날 영화'란 1990년대의 할리우드 상업 영화를 의미합니다. '볼 만한 영화'라고 하면 자연스럽게 한국 영화가 아닌 할리우드 영화를 떠올리던 때, 집집마다 비디오 플레이어가 있고 가족의 여가 활동에 이를 적극 활용하던 때, 그러한 문화에 힘입어 한 상권에만 비디오 대여점 예닐곱이 성업하던 때, 무엇보다도 저 자신이 어린이로서 놀고먹기만 잘해도 한 사람의 몫을 너끈히 하던 때, 그래서 '모든 작품은 분석의 대상' 같은 강박을 가지지 않고 흥미로만 영화를 대하던 때. 저의 영화 경험에 있어 1990년대는 이런 시기였고, 할리우드 영화 역사의 한 시기라는 측면에서 보자면 〈양들의 침묵〉, 〈라스트 모히칸〉, 〈세븐〉, 〈프라이멀 피어〉, 〈파이트 클럽〉 등 '명작'들이 쏟아져 나온 황금시대였습니다.

얼마 전에는 '로빈 후드 특별 시청 기간'을 가졌습니다. 말 그대로 일과를 마친 후 잠들기 전의 의례로 로빈 후드에 관한 영화를 몰아서 보는 기간입니다. 영미권에서는 로빈 후드가 매우 인기 있는 캐릭터인 까닭에 그를 소재로 한 영상물이 1910년대부터 최근까지 꾸준히 제작되었습니다. 그중 1938년 작품인 〈로빈 후드의 모험〉이 최고로 꼽힙니다만 합법적 경로로 이 영상을 구할 방도는 없었습니다. 어차피 재미 삼아 벌이는 일이니 그냥 넷플릭스가 추천해주는 대로 〈의적 로빈 후드(1991)〉와 〈로빈 후드(2010)〉 그리고 〈후드(2018)〉를 이틀에 한 편씩 한 주에 걸쳐 보았습니다.

이 글이 1990년대 할리우드 상업 영화를 향한 헌사가 되리라는 사실을 숨길 생각이 없기에 결론부터 밝히자면 셋 중 〈의적 로빈 후드〉가 제일 좋았습니다. 기승전결과 대립 구도가 선명한 서사, 그 안에서 각자의 역할을 꼭 알맞게 수행하는 캐릭터들, 케빈 코스트너와 모건 프리먼, 크리스찬 슬레이터 등 당대의 내로라하는 배우들의 출연, 적당한 리듬으로 이어지는 활극과 고전적 멜로, 영상과 잘 어울리는 마이클 케이먼의 음악 등…. 심오하거나 예술적 구석은 찾아보기 힘들지만 딱히 미흡한 구석도 없는, 잘 만든 상업 영화의 요건을 두루 갖춘 작품이기 때문입니다. 넘치지도 모자라지도 아니한 〈의적 로빈 후드〉의 성취는 나머지 두 작품과의 대비를 통해 더욱 뚜렷해집니다.

장르 영화, 그 재미의 조건

1991년작 〈의적 로빈 후드〉와 2018년작 〈후드〉의 로빈은 귀족이고 2010년작 〈로빈 후드〉 속 로빈은 평민 출신입니다. 〈의적 로빈 후드〉와 〈후드〉에서는 노팅엄의 주 장관Sheriff of Nottingham이 악당으로, 〈로빈 후드〉의 경우에는 무능한 존 왕과 그의 통치 때문에 혼란에 빠진 잉글랜드를 침략하려는 프랑스 세력이 적으로 등장합니다. 이처럼 설정은 조금씩 다르지만 세 작품은 공통적으로 12세기 말에서 13세기 무렵의 잉글랜드를 배경으로 참전을 위해 한동안 고향을 떠났다 귀환한 로빈이 무능하고 탐욕스러운 권력자의 폭정에 맞서는 가운데 점차 성장해 민중의 영웅으로 거듭나는 과정을 그립니다.

요컨대 이 세 작품은 모두 '중세 정치 히어로물' 장르에 속합니다. 시대극인 동시에 히어로물인 이상 영화는 다음의 두 가지 과제를 떠안습니다. 첫 번째 과제는 영화 안에 하나의 세계, 즉 시대상을 적절히 구현하는 일입니다. 두 번째 과제는 세계의 질서에 순응하거나 무관심하던 주인공이 태도를 바꿔 그것에 저항하는 인물로 거듭나기까지 각성의 계기가 된 사건과 경험이 무엇인지, 이로써 어떤 정신적 성장을 겪었는지를 제대로 묘사하는 일입니다. '영화적 허용'을 다소 감안하더라도 결국 특수한 조건으로서의 세계의 상황과 그 위에서 생각하고 행동하는 인물의 반응을 표현함에 현실성과 개연성을 확보해야 주인공과 영화의 이야기에 재미가 생기고 영화가 재미있어야 관객은 몰입합니다.

문제작, 수작, 졸작을 가르는 인물과 서사의 형식

앞서 언급한 영화의 두 가지 과제를 어떻게 처리하느냐에 따라 영웅의 구체적 형상이 결정되며, 바로 여기서 세 영화의 일차적 차이가 발생합니다. 가장 독특한 작품은 리들리 스콧 감독의 2010년작 〈로빈 후드〉입니다. 로빈은 프랑스와의 전투에서 돌아온 후 과거에 모종의 이유로 사망한 부친이 무소불위의 왕권에 대항해 자유와 평등의 사상을 주창하다 처형되었던 것이라는 진실을 알게 됩니다. 그런 아버지의 정신을 계승한 로빈은 훗날 존 왕이 마그나 카르타Magna Carta Libertatum를 선포하게끔 만듭니다. 물론 로빈이 마그나 카르타의 선포에 결정적 역할을 했다는 것은 역사와 무관한 허구의 설정인 데다 어떤 면에서 영화 속 로빈이 지향하는 이념은 실제 마그나 카르타의 내용보다 현대적 자유와 평등주의에 더 근접한 듯 보입니다.

설정이 이렇다 보니 〈로빈 후드〉의 로빈은 영화의 시작부터 마지막까지 자신의 시대를 아득히 앞지른 이념을 추구하는 그래서 세계와의 고통스러운 대결을 홀로 감내할 수밖에 없는 진지하고 비장한 '혁명 정치의 투사'의 얼굴을 하고 있습니다. 고대나 중세가 배경인 시대극에 현대적 자유와 평등주의의 주제를 기입하는 경향은 리들리 스콧의 전작인 〈글레디에이터(2000)〉와 〈킹덤 오브 헤븐(2005)〉에서도 동일하게 발견되는 일종의 작가주의로 이해할 수 있습니다. 리들리 스콧은 탁월한 비주얼리스트고 그의 영화는 대체로 훌륭합니다. 한데 시대상의 구현이 몹시 현실적인 와중에 주인공의 동기와 목표는 당대의 객관적 조건을 한참 초과하는 식의 서사를 마주할 때면 어색한 느낌이 드는 것도 사실입니다.

1991년작 〈의적 로빈 후드〉와 2018년작 〈후드〉의 로빈은 귀족 가문의 외아들로, 십자군 전쟁에 참여하느라 예루살렘에 머무는 사이 노팅엄의 주 장관이 꾸민 음모 때문에 가문이 위기에 처한다는 설정을 공유합니다. 따라서 두 영화는 부족함을 모르고 곱게 자란 도련님에 지나지 않던 로빈이 전쟁을 경험하며 성숙하고 또 노팅엄의 주 장관에 대항하는 과정에서 민중의 영웅으로 다시 태어난다는 성장 드라마를 포함합니다. 그러나 십자군 원정을 전후한 로빈의 모습에 관한 묘사, 그가 의적이 되는 과정과 그 활동의 구체적 경과, 마지막으로 영화의 결말부 구성에 따라 각기 다른 수준의 완성도를 실현합니다.

〈의적 로빈 후드〉는 전쟁의 경험을 통한 로빈의 성숙을 정신적이고 반성적인 차원의 것으로 재현합니다. 영화는 불필요한 회상 장면이나 설명을 동원하지도, 십자군 전쟁의 스펙터클을 묘사하는 일에 별도의 시간을 할애하지도 않습니다. 악마 숭배자로 몰려 살해 당한 부친의 무덤 앞에서 로빈이 읊조린 "떠나지 말았어야 했어. 아버지는 십자군 원정이 어리석은 짓이라고 하셨지. 다른 사람들에게 우리 종교를 강요하는 건 자만이라고." 하는 대사나 왕의 조카이자 로빈의 연인인 메리언이 "지난 몇 년간 사람들은 궁핍하게 살아가고 있어요. 당신과 오빠가 영웅놀이를 할 때 노팅엄의 주 장관은 모든 영지를 약탈했죠."라며 일침을 가할 때 이를 수용하는 로빈의 태도를 통해 그의 내적 성장을 영리하게 암시할 따름입니다.

명목뿐인 이교도들과의 전쟁을 치르느라 정작 지켜야 할 것들을 지키지 못했음을 후회하던 로빈은 노팅엄 주 장관의 부하를 죽인 죄로 쫓기다 셔우드숲으로 향하고, 범법자로 낙인찍혀 숨어 살던 평민들의 공동체에 섞여 듭니다. 결정적 순간에 로빈은 공동체의 구성원들을 이끌지만 출신을 근거로 그들 위에 군림하거나 일방적 명령을 내리지 않습니다. 대신 앞장서는 '그중의 한 사람'으로서 노팅엄 주 장관에 맞서 싸우자고 동료들을 설득한 후 함께 무기를 만들고 궁술과 검술을 연마하는 등 실질적 전투 준비를 하며 사기를 북돋웁니다.

이후 노팅엄 주 장관을 처단한 로빈은 메리언과 결혼식을 올립니다. 십자군 원정에서 돌아온 리처드 왕이 둘을 축복하는 마지막 장면은 로빈이 잠시 위태했던 통치의 체계를 복구하고 있어야 할 것들을 원래의 자리로 되돌리는 '보수적 정치의 영웅'임을 드러냅니다. 범법자로 규정되었던 로빈과 셔우드숲의 평민들은 동고동락하며 맺은 동지적 관계를 유지하면서도 전통적 질서가 허용하는 자유를 각각 귀족과 평민의 신분에 맞게 다시금 획득합니다. 즉 평민은 평민의, 귀족은 귀족의 명예를 회복하고 집과 재산, 가족에 대한 소유의 권리 등을 되찾는 것입니다. 이는 리들리 스콧의 〈로빈 후드〉에 나타나는 그것보다는 분명 덜 급진적인 상상력입니다. 하지만 120분 안팎의 상영 시간 내에 기승전결이 확실한 서사를 완성한다는 상업 영화의 기본 원칙을 고려하자면 적절한 선택입니다.

반면 〈후드〉는 히어로물의 주인공인 로빈의 행위의 동기와 목적에 관한 설득력을 확보하는 데 실패합니다. 영화는 전반부 중 상당한 시간을 할애해 십자군 원정에서 활약하는 로빈의 모습을 직접적으로 묘사합니다. 하지만 공들여 찍고 길게 편집해 넣은 전투 장면들을 보며 로빈이 어떤 인물인지를 파악하기는 어렵습니다. 그냥 운동 신경이 좋고 활을 좀 다룰 줄 아는 젊은이라는 정보 정도를 얻을 따름입니다. 오히려 해당 시퀀스를 지배하는 것은 인간의 감정과 참혹함이 제거된 전쟁의 스펙터클과 적절한 시대상의 구현에 무관심함을 자백하는 영화의 태도입니다. 그렇다면 통쾌한 액션 일변도의 '퓨전' 시대극을 가지고 어떤 영웅의 형상과 서사를 이끌어 낼지가 문제가 됩니다.

로빈이 참전한 동안 착오로 전사자 명단에 그 이름이 올랐고 노팅엄 주 장관은 그의 저택을 압류했습니다. 그러나 로빈이 귀향해 살아 있음을 증명함에 따라 그의 귀족 지위와 의회에서의 의결권, 저택의 소유권을 자연스럽게 회복합니다. 그래서 로빈의 이저 활동은 낮에는 노팅엄 주 장관에게 우호적인 귀족 청년 로빈 록슬리를 연기하고, 밤에는 얼굴을 가린 후 부자들의 돈을 훔치는 후드의 역할을 수행하는 이중생활을 통해 전개됩니다. 〈의적 로빈 후드〉의 로빈과 달리 〈후드〉의 로빈은 평민들 틈에 섞이지 않습니다. 그는 빠르게 말을 달리며 평민 거주 구역의 이곳저곳에 금화를 뿌립니다. 평민들은 그가 지나간 자리에 떨어진 돈을 줍고 기뻐합니다. 어쨌거나 돈을 뿌리는 후드는 평민 사이에서 큰 인기를 끌게 됩니다.

 로빈은 영화의 전체 상영 시간인 105분 중 85분이 지난 시점에서야 사람들 앞에 자신의 정체를 공개합니다. 그리고 '귀족 록슬리 경'으로서 다 같이 노팅엄 주 장관에게 맞서 싸우자는 연설을 합니다. 로빈 록슬리에 대해서는 그가 귀족이기 때문에 잘 모르고, 로빈 후드에 대해서는 그가 가면을 쓴 도둑이기 때문에 잘 몰랐던 평민들은 일제히 환호하며 그를 '혁명군 지도자'로 추대합니다. 서사의 비약에 의지해 로빈 록슬리는 민중의 영웅 로빈 후드의 자격을 얻습니다. 평민 출신 정치가 윌이 "현실적으로 생각해야 합니다. 어디서 먹고 어디서 쉴 겁니까?"라며 구체적 전략을 묻지만 로빈이 그간 평민들의 입장을 대변해온 윌의 노고를 치하하자 10초 만에 상황은 무마됩니다. 이러한 서사의 비약 자체가 팬덤 정치나 일차원적 포퓰리즘 정치를 향한 풍자는 아닐까 생각도 해보았습니다만 그런 것치고는 영화의 어조가 퍽 진지합니다.

 노팅엄 주 장관을 죽이고 도망자가 된 로빈은 셔우드숲으로 들어갑니다. 이것이 로빈 후드 시리즈를 염두에 두고 첫 작품으로 제작된 〈후드〉의 결말입니다. 아무리 시리즈의 첫 번째 작품이라지만 영웅의 성장 드라마임에도 마지막까지 주인공의 고유한 문제의식과 세계관이 드러나지 않는다는 것이 〈후드〉의 한계입니다. 〈후드〉 속 로빈의 동기와 목적은 막연한 감정과 소망 수준에 머무릅니다. 그를 움직이는 동기 중 하나는 징집을 통지해 자기를 전쟁터로 보낸 노팅엄 주 장관을 향한 복수심이고, 다른 하나는 자신이 전사했다는 소문을 듣고 윌과 결혼한 옛 연인 메리언을 되찾겠다는 바람입니다. 로빈이 의적으로서 행한 활동의 목적 의식은 모두 타인들에게서 비롯합니다. 그는 메리언이 그렇게 하기를 원했기에 훔친 돈을 평민들에게 나눠 줍니다. 이중생활을 하면서 노팅엄 주 장관이 거둬들인 전쟁 세금이 어디로 흘러가는지를 추적한 일 역시 예루살렘에서 만난 무어인 야히야 이븐 우마르의 계획과 지시에 의한 것이었습니다.

조력자이자 벗인 이방인 혹은 단순한 기능적 장치

예루살렘에서 온 무어인을 언급한 김에 덧붙이자면 〈의적 로빈 후드〉와 〈후드〉의 또 다른 공통점은 주인공 로빈 옆에 이 이방인 캐릭터를 배치했다는 것입니다. 짐작건대 〈후드〉가 제작 과정에서 로빈 후드를 소재로 한 기존의 작품들을 참고하다 〈의적 로빈 후드〉의 무어인 캐릭터를 채택한 듯합니다. 〈의적 로빈 후드〉에서 무어인 캐릭터 아짐은 '제2의 주인공'이라 해도 무방할 정도의 매력을 뿜내며 해당 작품에 버디 무비buddy movie로서의 재미를 불어넣습니다. 로빈과 아짐의 인연은 터키의 사라센

감옥에서 시작됩니다. 로빈이 감옥을 탈출하던 중 목숨이 경각에 달린 아짐을 구하고, 아짐은 그 대가로 로빈과 동행(할 것을 자기 멋대로 결정)합니다.

"기독교인, 당신은 내 생명을 구했네. 은혜를 갚을 때까지 같이 있기로 맹세하겠네."
"고맙지만 난 영국으로 가야 해. 그런 의무감은 필요 없네."
"알라신의 뜻일세."
"내가 싫다고 하면?"
"자네는 선택의 여지가 없네. 난 아짐 에딘 바쉬르 알 바키르. 그냥 아짐이라고 부르게."

은혜를 갚기 위한 동행이라지만 아짐이 로빈에게 절대적으로 복종하거나 아랫사람을 자처하는 경우는 없습니다. 아짐은 무슬림으로서의 명예와 알라신의 율법을 따르면서 자신의 의지로 기독교인 로빈의 곁을 지킵니다. 잉글랜드의 해변에 도착한 직후 로빈은 평민 소년을 도와주다 노팅엄 주 장관의 수하 대여섯 명과 대치하게 됩니다. 로빈이 "아짐! 지금이 맹세를 지킬 때야!", "젠장, 어서 일어나라고!"라며 급박하게 그를 부르지만 마침 저녁 기도를 올리던 아짐은 그저 자신의 할 일을 계속합니다. 스스로 적들을 쓰러트린 후 씩씩거리며 "자네! 내가 개죽음 당하는 거 지켜보려고 1만 6천km가 넘는 거리를 따라왔나?"라고 항의하는 로빈에게 아짐은 "내가 한 맹세는 무슨 일이 있어도 지킨다네."라는 말로 맹세를 거듭 확언합니다.

이와 같은 장면들의 반복을 근거로 로빈과 아짐의 관계를 '우정'이라 정의하는 것이 가능합니다. 네가 내 목숨을 한 번 구했으니 곧바로 나도 네 목숨을 한 번 구한다는 식의 신속하고 정확한 계산이 아니라 긴 시간 동안 서로 무엇을 주고받았는지 일일이 가늠하기 어려울 정도로 많은 것을 나누는 식의 상호 호혜와 그 축적이 우정의 핵심이기 때문입니다. 실제로 아짐은 영화 전체에 걸쳐 자신의 칼 솜씨, 상황 분석 능력과 판단력, 과학과 의학 지식을 활용해 로빈의 노정을 돕습니다. 결국 마지막에는 그 자신의 맹세를 지켜 로빈의 목숨을 구하기도 합니다. 다른 사람들이 이교도인 아짐을 의심하거나 멸시할 때마다 로빈은 직접 그에 대한 존중을 보여 이를 불식합니다. 결전을 앞두고 셔우드 숲의 평민들이 모인 자리에서 연설하던 로빈이 "자기 보금자리를 지키는 자유인 1명이 용병 10명보다 강하다. 십자군 원정에서 그걸 배웠지."라고 말하며 아짐을 가리키는 장면은 그러한 존중의 명백한 표현입니다.

안타깝게도 〈후드〉는 무어인 캐릭터 야히야를 기능적으로만 소비합니다. 야히야는 노팅엄 주 장관이 징수하는 전쟁 세금을 통제함으로써 십자군 전쟁을 종식하고 국가와 종교의 경계를 넘어 전체 피지배 계층을 해방시킨다는, 그 규모가 너무 거대한 나머지 실현 가능성이 희박해 보이는 목표를 위해 로빈에게 의적 활동에 필요한 기술을 가르칩니다. 〈후드〉 속 야히야의 역할은 주인공이 활극을 펼칠 기회를 마련하는 기능을, '신비로운 외국인 스승'의 틀에 박힌 역할을 맡아 단기간에 주인공의 능력이 향상되는 데 최소한의 개연성을 부여하는 기능을 수행하는 것에 그칩니다. 〈의적 로빈 후드〉가 '로빈의 이방인 조력자' 캐릭터의 모범을 제시했음에도 〈후드〉는 이를 현명하게 참고하거나 재해석하지 못했습니다. 〈후드〉는 고전을 '화려한 요즘 때깔'로 개작하려다 가장 중요한 캐릭터와 서사를 놓치는 식의 함정에 빠진 영화입니다.

옛날 영화든 최신 영화든 직접 보는 재미

요즘은 영화도 남이 대신 봐주는 것이 예사가 되었습니다. 영화 한 편을 15분 안팎으로 요약한 영화 리뷰 영상과 '작품 속 상징, 복선, 반전 완벽 분석'을 제공하는 영화 리뷰 영상은 높은 조회수를 보장하는 인기 콘텐츠입니다. 전자는 매끄럽게 간추린 줄거리와 몇몇 주요 장면을 뽑아 '세 줄 요약'을 하는 방식으로, 후자는 화면에 등장한 사물과 그것이 지시하는 추상적 관념 그리고 표현으로 가시화된 것과 숨겨진 창작자의 의도 사이의 일 대 일 대응 관계들을 정리해 도식화하는 방식으로 '대리 관람'을 해줍니다.

저 역시 때때로 소일거리 삼아 영화 리뷰 영상을 봅니다. 그렇지만 영화는 언제나 하나의 총체로서 줄거리, 주요 장면의 병렬, 상징의 체계, 복선과 암시된 사건의 쌍, 반전의 쾌감, 결말의 합계를 초과합니다. 명작은 명작대로, 괴작은 괴작 나름대로 그렇게 합니다. 그러므로 영화 전체를 직접 볼 때에야 얻을 수 있는 재미가 분명 존재합니다. 이 영화가 좋다면 왜, 무엇 때문에 좋은지, 만약 취향에 맞지 않는다면 어떤 부분에서 그러한 불일치를 느꼈는지 등을 스스로 검토하는 재미 말입니다.

〈의적 로빈 후드〉를 아직 안 봤다면 꼭 보기를 권합니다. 상업 영화로서, 또 장르 영화로서 아주 훌륭한 작품입니다. 최신 히어로물 영화들과 비교해도 그 재미가 결코 덜하지 않습니다. 〈로빈 후드〉도 마찬가지입니다. 리들리 스콧의 영화에는 항상 특유의 흥미로운 부분들이 있습니다. 실컷 혹평만 적은 꼴이 되었지만 〈후드〉도 한 번 보면 좋겠습니다. 제가 미처 발견하지 못하거나 놓친 영화의 성취를 여러분께서는 찾을지도 모릅니다.

2. 잘 죽는 법: 제보당의 야수와 토마 답체

사람을 잡아먹는 야수

1764년, 프랑스의 제보당^{Gévaudan} 지역에서 주민들이 짐승에게 공격을 당해 중상을 입거나 잡아먹히는 사건이 연쇄적으로 발생합니다. 붉은 털로 뒤덮인 거대한 몸, 긴 주둥이와 날카로운 이빨을 가진 이 짐승은 늑대를 닮은 정체불명의 야수였다고 합니다. 야수가 사람을 주식으로 삼았기 때문에 끊임없이 희생자가 발생했습니다. 프랑스 왕실이 구제에 나서기도 했지만 별다른 성과를 거두지 못했고, 1767년 한 사냥꾼이 문제의 야수로 추정되는 짐승을 사살하기까지 사망자 113명을 포함해 210여 명이 피해를 입은 것으로 전해집니다. 과연 야수가 실존했는지, 만일 그랬다면 어떤 종의 동물이었는지, 1767년에 사냥꾼이 잡은 짐승이 진짜 그 야수가 맞는지에 대해서는 아직까지 의견이 분분하지만 '제보당의 야수'가 등장하는 기록이 다수 존재하는 것만큼은 사실입니다. 그 무렵 그곳에서 뭔가 일이 있긴 있었나 봅니다.

주인공 옆에 있던 토마 답체

한 늙은 귀족이 서재에 앉아 있습니다. 성난 군중 때문에 바깥은 소란합니다. 하인이 급히 뛰어 들어와 위험하니 어서 피해야 한다고 그를 재촉합니다. 그러나 늙은 귀족은 글을 쓰겠다며 그저 양초와 포도주를 가져오라 말합니다. 늙은 귀족의 이름은 토마 답체. 이것은 제보당의 야수를 소재로 한 영화 〈늑대의 후예들(2001)〉의 오프닝 시퀀스입니다. "세상은 변해야 한다. 하지만 과격한 혁명이 저들의 눈을 멀게 하고 이성을 잃은 사람들은 야수로 변한다." 첫 문장을 적으면서 토마 답체는 수십 년 전 자신이 맞닥트렸던 야수에 관한 기억을 떠올립니다.

1765년, 왕실 박제사 프롱삭과 그의 모호크족 동료 마니가 제보당에 당도합니다. 이들은 제보당에 야수가 출몰한다는 소문의 진위와 야수의 정체를 조사하라는 루이 15세의 명령을 받은 밀사로, 임무를 마칠 때까지 답체 가문의 성에 머무르기로 합니다. 그렇게 젊은 토마 답체는 프롱삭과 마니를 만납니다. 당대의 규진적 철학과 예술 경향에 매료된 토마 답체는 박식하고 다재다능하며 신대륙을 탐험한 이력까지 지닌 프롱삭에게 호감을 느껴 조사에 동행합니다. 프롱삭은 현장에 남은 물적 증거와 생존자들의 증언을 분석함으로써 자신들이 쫓는 야수가 보통의 들

짐승이 아닌 인간이 훈련시키고 부리는 무언가임을 확신합니다. 우여곡절 끝에 이들은 야수를 찾아내 처치하고, 더 나아가 '식인 야수에 의한 (초)자연적 재해'라는 외양이 은폐한 사건의 실체적이고도 종합적인 진실을 밝히는 데 성공합니다. 이것이 오프닝 시퀀스에서 노년의 토마 답체가 쓰기 시작한 글, 즉 그의 회고록의 내용이자 영화 〈늑대의 후예들〉의 줄거리입니다.

통상적 영화의 문법에 준해 가름하자면 〈늑대의 후예들〉의 주인공은 중심 사건의 진행을 좌우하는 박제사 프롱삭입니다. 추리, 추적, 전투를 주도하는 프롱삭, 순수하고 아름다운 귀족 가문의 영애와 사랑에 빠지는 프롱삭, 종국에는 악당을 무찌르는 프롱삭의 행보를 따라갈 때 우리가 보게 되는 것은 그럭저럭 잘 만든 미스터리-액션 장르의 오락 영화입니다. 반면 토마 답체의 경우 이야기의 요소로서는 여러 주변 인물 중 조력자 정도의 역할을, 영화적 기능 측면에서는 약간의 내레이션을 담당할 따름입니다. 한데 그런 그에게 집중하는 순간 〈늑대의 후예들〉은 '잘 죽는 법'을 다루는 영화가 됩니다. 잘 죽는 법에 대해 말하기에 앞서 죽음을 향해 가는 과정으로서의 삶을 들여다볼 필요가 있습니다. 다음의 세 가지 형상이 토마 답체의 삶을 대변합니다.

이성과 진실과 기록에 충실한 삶을 산 토마 답체

첫 번째 형상은 '계몽주의자'로서의 토마 답체입니다. 그는 비록

파리에서 한참 떨어진 산악 지역에서 나고 자랐지만 처음 만난 프롱삭에게 볼테르의 저작들에 관한 견해를 물을 정도로 사상과 이론에 밝은 청년이었습니다. 그리고 야수에게 물려 죽은 것으로 보이는 희생자를 발견하고 제보당 주민들이 두려움에 우왕좌왕할 때 덤덤히 자를 꺼내 시신에 난 상처의 길이를 재는 프롱삭의 속뜻을 알아차린 유일한 인물입니다. 야수의 위협으로부터 제보당을 구원해 달라는 취지의 예배가 한창인 교회에서는 "야수에게 당한 희생자의 수만큼 촛불을 밝힌 거예요. 지금이 진정한 이성의 시대가 맞나요?"라고 한탄하는 '불경스러운' 면모를 보이기도 합니다. 프롱삭과 토마 답체 사이에는 이성과 합리적 사유의 힘을 신뢰하며, 이로써 문제를 정확히 파악하고 해결하려 한다는 공통점이 있었습니다.

두 번째 형상은 '진실을 밝히는 절차에 뛰어든 자'로서의 토마 답체입니다. 급진적 사상의 기획이 새로운 시대의 개막을 선언한 반면에 실질적으로 작동하는 지배의 원리는 여전히 강력한 구시대의 질서였던 혼란의 시기, 야수의 위협 앞에서 사람들은 희생자가 되거나 호사가로 남습니다. 주로 숲과 들판을 다닐 일이 많은 평민, 그중에서도 '약하기에 쉬운 사냥감'인 여자와 어린아이들이 야수에게 죽임을 당합니다. 반면 제보당의 유력자들은 안전한 공간에서 저녁 만찬을 즐기며 야수를 주제로 한담을 나눕니다. 야수의 실체를 추측하는 가설들을 늘어놓는 자, 사태가 빨리 진정되어야 할 텐데 걱정이라는 자, 이게 다 현 국왕의 무능 탓이라는 자 등…. 다들 한 마디씩 거들지만 그중 누구도 야수의 위협을 '직접 개입해야 할 자신의 문제'라 여기지 않습니다. 오직 토마 답체만이 프롱삭과 마니를 돕겠다고 나섭니다. 세 사람이 온갖 고초를 겪으며 사건의 진상에 근접해 가던 그때 적당히 아무 늑대나 잡아 야수처럼 꾸민 박제를 만들라는 왕실의 지시가 내려옵니다. 민심의 동요를 잠재우기 위해 거짓으로 상황을 종결하겠다는 의도였습니다. 어쩔 수 없이 왕명을 따른 후 죄책감과 자괴감에 빠진 프롱삭은 마니와 함께 아프리카로 떠나려 합니다. 이때 토마 답체가 항구까지 그들을 찾아와 야수 사건의 진실을 끝까지 추적하자고 설득합니다. 토마 답체의 성장을 암시하는 장면입니다. 그동안 프롱삭을 동경해 그를 따르던 토마 답체가 이제는 프롱삭에게 나아가야 할 방향을 제시합니다. 거짓으로 종결된 사건을 실제로 해결하고자 세 사람의 원정대는 다시 위험한 야수의 땅인 제보당으로 향합니다.

세 번째 형상은 '기록의 주체이자 역사의 증인'으로서의 토마 답체입니다. 첫머리에서 영화의 오프닝 시퀀스를 설명하는 와중에 이 형상을 언급한 바 있습니다. 토마 답체의 노년은 혁명의 시대였습니다. 늙은 토마 답체의 저택을 포위한 성난 군중은 구시대의 질서를 무너트리려는 시위대고, 귀족들을 잡아 죽이는 것 또한 그들의 목표 중 하나입니다. 요컨대 오프닝 시퀀스에서 늙은 토마 답체는 절명의 위기에 봉착한 상태였던 것입니다. 바로 이 순간 그는 글을 쓰기 시작합니다. 왕실의 거짓된 사건 종결 발표가 은폐해 역사책에 적히지 못한 진실을 글로 남기는 '증언'이 그에게는 죽음을 피해 달아나는 일보다 훨씬 중요한 과업이었습니다. 야수를 만들고 기른 것이 다름 아닌 혼란의 시대였음을, 종교든 권력이든 소유욕이든 저마다의 무언가에 사로잡힌 인간들의 세계 그 자체였음을 기록하면서 토마 답체는 회고록을 마무리합니다.

일관된 과정으로 삶-죽음을 산 토마 답체

죽음은 토마 답체가 마지막으로 살아 낸 삶입니다. 글을 다 쓴 그는 문을 열고 시위대 사이로 걸어 들어갑니다. 분위기가 몹시 험악합니다. 어떤 이들은 그를 향해 욕하거나 침을 뱉습니다. 그래도 토마 답체는 초연합니다. 그는 수십 년 전 제보당 사람들을 구하고자 발로 뛴 유일한 귀족이었고 영화가 따로 묘사하지는 않았지만 그 후로도 평생을 사려 깊고 마음이 따듯한 '좋은 사람'으로 살았습니다. 토마 답체가 군중을 향해 갈 때 슬퍼하며 그에게 존경을 표하는 하인들의 모습이 이를 방증합니다. 하지만 지금 그러한 사실은 아무런 의미가 없다는 것을 토마 답체 자신도 잘 압니다.

체제의 해체와 재구축의 차원에서 보자면 토마 답체 역시 귀족 계급의 일원으로, 청산해야 할 구시대적 지배 질서의 상징에 지나지 않습니다. "세상은 변해야 한다."고 믿기 때문에, 그와 동시에 새로움을 도입하기 위해 옛것을 부수는 혁명적 절차의 열정이 야수와도 같은 과격함을 동반한다는 필연을 알기 때문에 토마 답체는 계몽주의자로서, 진실에 투신했던 자로서, 역사의 증인으로서 죽는 것을 자신이 살아 내는 마지막 삶으로 선택합니다. 과거에 당시의 체제가 만들고 기른 야수를 상대했던 토마 답체가 이제 혁명의 열정과 과격성이라는 또 다른 야수를 대면하고, 그것에 의한 죽음을 능동적으로 받아들이는 것입니다.

이 지점에서 1767년의 야수의 죽음과 토마 답체의 죽음이 교차됩니다. 인위적 이종 교배의 결과물인 제보당의 야수는 살아 있는 동안 사람들을 해쳤고 마지막에는 깊은 상처를 입어 고통스러워하다 이 모습을 가엾이 여긴 프롱삭의 손에 죽임을 당합니다. 인간의 필요에 의해 만들어진 다음 자신을 훈련시킨 인간의 지시를 따랐을 뿐인 불쌍한 동물의 가련한 최후입니다. 어쩌다 보니 태어났으며 때가 되면 사멸한다는 것은 동물과 인간-동물 전부를 묶는 유기체의 숙명입니다. 다만 토마 답체는 무엇으로서 어떻게 죽을지를 자신의 신념에 의거해 정했습니다. 하인이 재촉할 때 몸을 피했더라면 며칠이라도 더 생존했을지 모릅니다. 그럼에도 토마 답체는 인간-동물의 생존 본능 대신 '일관된 삶의 연장선에서 죽음을 산다.'는, 인간만이 가질 수 있는 독특한 의지를 좇았습니다.

대체 영화와 야수 사건의 진실은?

여기까지의 이야기는 제가 토마 답체라는 인물에 '꽂혀' 입맛대로 재구성한 〈늑대의 후예들〉의 회고입니다. 여러분이 몸소 〈늑대의 후예들〉을 본다면 이 회고가 상당한 과대 해석과 주관적 감상으로 점철되어 있으며 그렇기에 '잘 죽는 법에 관한 영화'라는 규정도 가능했음을 알아차릴 것입니다. 누군가에게 이 영화는 부도덕한 자가 그 자신의 욕망 때문에 파멸을 맞이하는 권선징악의 서사입니다. 다른 누군가는 혈연과 무관하게 맺은 단단한 형제애의 가치와 그 상실의 슬픔에 대한 영화라 정의할지도 모릅니다. 물론 모두 맞는 독해고 불완전한 독해며 영화의 진실과 일정한 면적의 교집합을 이루는 독해입니다.

제보당의 야수 사건의 상세한 내막이 무엇인지에 관한 언급도 일부러 피했습니다. 나온 지 20년도 더 된 작품이긴 합니다만 '스포일러'도 방지할 겸 영화와 영화 속 이야기의 실체적이고도 종합적인 진실을 추적하는 재미를 빼앗지 않기 위해 대체 누가, 왜, 어떻게 제보당의 야수를 만들고 부렸는가를 알아내는 일까지 여러분의 몫으로 남겨 두겠습니다.

3. 방황으로서의 삶과 그 한가운데의 사랑: 앙투안 두아넬 연작

자전적이면서 연속적인 영화의 (불)가능성

예술가는 이야기를 향한 열정에 붙들린 존재입니다. 이 열정은 '이야기해야 한다.'는 강박과 '제대로 이야기할 수 없을지도 모른다.'는 불안을 동반하며 이로써 예술가를 고통스럽게 만듭니다. 하지만 '예술적인 것'은 예술가를 괴롭히는 강박과 불안까지 스스로의 자원으로 삼으며 이야기를 향한 열정을 긍정합니다. 그리고 이러한 열정이 진술이라는 발화의 형식과 만나 자전적 성격을 지닌 작품을 산출합니다. 자전적 작품은 일종의 '선언'입니다. "나는 이렇게 살아왔다. 예술적인 것을 향한 나의 열정은 과거의 어떤 사건들에 의해 촉발되었지만 기억과 그 외화外化인 창작을 통해 현재성을 획득하며, 더 나아가 이 열정에 대한 헌신은 미래와 접속하고 있다."는 선언 말입니다.

창조자를 재현하는 동시에 재구성하는 피조물이라는 작품

의 독특한 성격, 단순한 자아가 창작하는 주체성으로 도약하는 계기들의 가시화, 내밀한 이야기의 공식화…. 이것이 자전적 작품의 일차적 의의입니다. 그러나 예술가를 장악한 이야기하기의 열정이 욕망의 수준에서는 완전히 해소될 수 없음 또한 사실입니다. 존재를 이야기한다는 것은 어슴푸레한 "회색 어둠"[1]을 더듬는 일과 같습니다. 아무리 정교하게 여러 차례에 걸쳐 말한들 명징하게 포착되지 않는 존재의 잔여물은 늘 있습니다. 게다가 이 잔여물의 크기는 발화에 의해 포착된 부분들의 총합보다 항상 큽니다.

요컨대 존재의 회색 어둠에 닿기 위한 발화는 결코 그 목표를 이루지 못합니다. 발화를 향한 욕망의 명령과 재현이 포획할 수 없는 대상을 재현으로써 포획하려는 필패의 전략 사이에서 이제 예술은 어떻게든 스스로를 지탱해야 하는 상황에 놓입니다. 가능한 것은 존재 그 자체가 아닌 주체적 상태로서의 실존을 탐색하는 일과 '더 낫게 실패하는 발화'를 위한 사유의 운동의 반복뿐입니다. 이 반복이 연작의 생성을 추동합니다. 프랑수아 트뤼포 감독(이하 감독)의 '앙투안 두아넬 연작'(이하 연작) 전체를 통일된 이야기로 바라볼 때 발화의 시도와 그 좌절의 영원한 이중주를 관통하는 두 시퀀스를 발견할 수 있습니다. 하나는 '이동'을 테마로, 다른 하나는 '사랑'을 테마로 구성되는 시퀀스입니다.

첫 번째 시퀀스: 이동

• 물리적 이동과 실존적 이행

    연작의 주인공 두아넬은 이동하고 또 이동합니다. 이는 뚜렷한 목적지가 없는 동시에 떠밀리듯 출발해 어디에도 정착하지 못하는 상황에서 불가피하게 이루어지는 이동이라는 점에서 실상 방황에 더 가깝습니다. 영화 속 두아넬의 방황은 실제 몸을 움직여 행하는 물리적 공간 사이의 배회와 정신적으로 갈팡질팡하는 상태의 중첩을 드러냅니다. 가장 전형적 묘사는 연작의 첫 번째 작품 〈400번의 구타〉[2]에서 애정을 주지 않는 어머니, 결정적 순간에는 호의를 철회해버리는 아버지, 모욕감을 주는 방식으로 학생들을 훈육하는 선생님과 학교로부터 벗어나기 위해 두아넬이 감행한 가출 이후의 장면들입니다. 훔친 우유를 마시느라 길가에 잠시 앉은 것을 제외하면 가출의 시간 동안 그가 할 수 있는 행위는 이동을 위한 이동인 방황밖에 없었습니다.

    훔친 우유는 '허기'와 밀접한 관련을 지닌다는 점에서 의미심장합니다. 허기는 방황과 마찬가지로 적대적 현실을 마주한 자아의 방어 기제, 그중에서도 불안과 위협감을 신체적 증상으로 겪어 내는 "반응 형성$^{\text{reaction formation}}$"[3]입니다. 가출로 한 차례 규율을 어긴 두아넬은 도둑질이라는 또 다른 규율 위반을 저지르며 겨우 허기를 달랩니다. 정처 없는 마음이 물리적 이동의 연쇄를 경유해 방황으로 형상화된 것처럼 이 장면에서 정신적 결핍과 신체적 굶주림은 허기라는 은유 위에서 한데 포개어집니다.

이러한 정신과 신체의 중첩은 연작 전반에 걸쳐 조금씩 다른 증상의 형태를 취하는 가운데 반복하여 나타납니다. 증상을 살피는 것이 은폐된 정신의 내용을 해명하고자 가시적 신체를 두고 변죽을 울리는 일이듯 감독이 두아넬의 증상을 매개로 시도하는 자전적 발화는 존재의 회색 어둠 언저리를 지속적으로 건드리는 작업에 해당합니다.

〈400번의 구타〉의 마지막 장면은 두아넬이 여전히 방황의 과정을 겪고 있으며 앞으로도 그럴 것이라는 점을 보여줍니다. 탈주를 감행한 어린 두아넬은 바다에 당도합니다. 그는 기울어진 수평선 때문에 불안정한 느낌을 주는 바다를 등진 채 자신에게 적대적인 이편의 세계를 응시합니다. "Fin"이라는 자막은 영화의 물리적 시간이 끝났음을 알리지만 방황과 허기의 감각으로부터 자유로울 수 없는 두아넬의 실존적 시간까지는 매듭짓지 못합니다. '연작'이 성립할 수 있는 까닭도 이 실존의 시간이 종료되지 않았기 때문입니다.

• 거처들: 쉽지 않은 세계 속에서 자리 점하기

두 종류의 장소성이 〈400번의 구타〉를 지배하는 '공간 이미지의 이분법'을 구성합니다. 하나는 그 나이대의 아이에게 세상의 전부나 마찬가지인 가정과 학교입니다. 이 일상적 장소에 만연한 것은 해야 할 일과 하지 말아야 하는 일을 엄격하게 구분하는 규율의 원리입니다. 부모의 속을 썩이지 않는 아들, 선생님을 잘 따르고 학업 능력이 우수한 학생이라는 기대 역할에 부합하지 못할 경우 일상적 장소의 규율은 처벌을 통해 두아넬을 억압하거나 거부하려 듭니다. 이른바 '문제아'였던 두아넬은 사실상 영화가 진행되는 내내 억압과 거부를 겪다 종국에는 극단적 처벌의 장소인 소년원에 수감되어 가정과 학교에서 지워지고야 맙니다.

두아넬은 일상의 장소 안에서 질서에 기꺼이 순응하지도, 그렇다고 해서 여기서 완전히 자유로워지지도 못하는 타자의 자리를 점합니다. 예를 들면 이런 것입니다. 학교생활을 묘사하는 장면에서 그는 자기에게 배정된 책상이 아니라 교실 앞, 문 밖, 계단 등에 머무릅니다. 집으로 돌아와도 두아넬만의 방은 없습니다. 아이는 현관문 바로 앞의 협소한 공간에서 잠을 자며 그곳에 있는 김에 매일 밤 쓰레기를 내다 버리는 일을 담당합니다. 문간, 계단, 통로는 분할과 통과를 위한 공간이지 정주하는 곳이 아닙니다. 이와 같은 장소성의 단초들은 앞서 언급했듯 결말에 이르러 바다의 이미지가 주는 절대적 인상으로 수렴합니다.

규율의 공간의 반대편에는 탈선의 공간이 있습니다. 두아넬이 온갖 말썽을 저지르는 영화관, 길거리, 오락장 등이 그러한 장소입니다. 이곳에서는 가정과 학교의 규율이 작동하지 않아 마음 내키는 대로 행동하며 돌아다닐 수 있습니다. 감독은 두아넬이 어떤 아이인지를, 두아넬이 자신의 유년기를 어떻게 기억하는지를 보여주기 위해 초반의 오락장 장면에 긴 시간을 할애합니다. 회전하는 놀이 기구를 탄 그의 발이 마치 무중력 상태인 양 공중으로 떠오릅니다. 이어서 빠른 속도로 빙글빙글 도는 구경

꾼들의 모습이 1인칭 시점으로 화면을 가득 채우며 어지러움을 유발합니다. 이내 두아넬이 물구나무선 자세로 벽에 붙고 이미지의 혼란은 가중됩니다.

    그는 규율의 세계에 발을 붙일 수 없습니다. 그렇다고 해서 비일상적 장소인 탈선의 세계에 영원히 살 수도 없습니다. 언젠가는 일상적 장소로 돌아와야만 합니다. 두 장소 사이의 대립은 양자택일이나 변증법적 종합을 통한 해소가 불가능한 종류의 간극을 포함합니다. 그래서 두아넬은 이곳에도, 저곳에도 온전히 속하지 못합니다. 이후 〈도둑맞은 키스〉의 청년 두아넬은 무수히 많은 사람이 오가는 도시 한가운데 서 있습니다. 그럼에도 여전히 두아넬은 고독하며 자신이 이 세계에 어울리지 않는 존재라 느낍니다. 이 지점에서 감독은 '한 존재가 세계 속에서 자신의 자리를 점하는 것은 어떠한 의미를 지니는가?'라는 문제를 탐색하기 시작합니다.

    물론 방황은 이어집니다. 세계에 나름대로 적응하며 어른이 되었지만 일반적 기준에 비추어볼 때 두아넬은 부족한 젊은이입니다. 그는 군대에 적응하는 데 (또) 실패하고 '품행 인증서'를 받지 못한 채 제대합니다. 사회로 복귀한 뒤에는 임시직을 전전합니다. 그의 첫 직장은 호텔 접수대입니다. 현관문 앞의 통로를 자신의 자리로 할당 받고 쓰레기를 내다 버리는 일을 하던 소년은 청년이 된 후에도 투숙객들이 연달아 오가는 통과의 장소인 호텔의 접수대를 자신의 자리로 배정 받습니다. 탐정 앙리와의 첫 만남 직전에 두아넬이 쓰레기를 내다 버리는 장면 역시 10년 전의 그와 어른이 된 그의 두 실존적 형상을 동일한 장소성 위에 겹쳐 놓는 장치로 이해할 수 있습니다.

두 번째 시퀀스: 사랑

• 지속되는 이동과 사랑의 비밀

이제 이동의 시퀀스의 한 부분이면서 독립적 위상을 지니기도 하는 사랑의 시퀀스를 살펴볼 차례입니다. 연작에서 사랑은 끝없이 방황하는 두아넬을 잠시나마 한 지점에 머무르게끔 하는 계기로 나타납니다. 그러나 사랑 역시 대상 혹은 상황에 복종하거나 안주해 둘 사이의 관계를 완성-종결하는 것과는 거리가 먼, 지속적 생성과 갱신을 요구하는 절차이기에 어떤 면에서는 방황과 비슷한 양상을 보입니다. 그러므로 연작은 하나의 실존적 형상을 절차에 묶어 두는 동시에 또 다른 이동의 가능성을 불러일으키는 효과로써 사랑을 재현합니다.

연작의 두 번째 작품이자 30분 남짓의 짧은 영화인 〈앙투안과 콜레트〉는 감독의 필모그래피 내에서 〈400번의 구타〉와 훗날의 〈도둑맞은 키스〉, 〈부부의 거처〉, 〈사랑의 도피〉를 연결하는 마디의 기능을 담당하며 그로써 소년 두아넬의 '물리적이고도 정신적인 방황'으로부터 '지속되는 이동으로서의 사랑'을 향해 굴절하는 주제 의식의 궤적을 가시화합니다. 요컨대 〈앙투안과 콜레트〉는 과도기적 영화인 한편 이행기의 사랑 혹은 사랑의 이행기에 관한 영화로, 17세 두아넬이 경험한 '유사 사랑'의 단계를 그립니다.

음반 회사의 생산직 노동자로 일하며 혼자 살던 두아넬은 음악회에서 본 콜레트에게 첫눈에 반하고 어찌어찌 친해지는 데 성공합니다. 한데 우연한 만남 이후 전개되는 것은 두아넬과 콜레트라는 '둘'이 구축하는 사랑의 절차가 아니라 〈400번의 구타〉를 지배했으며 여전히 해소되지 않은 결핍의 거듭된 출현입니다. 콜레트와 친구로 지내던 중 두아넬은 콜레트의 가족을 마주칩니다. 콜레트의 아버지는 두아넬의 관심사가 예술임을 간파하고 빅토르 위고를 인용한 농담을 건넵니다. 콜레트의 어머니는 다정한 태도로 가족의 저녁 식사에 두아넬을 초대합니다. 유복하고 화목해 보이는 콜레트의 가족은 두아넬로 하여금 타자라는 자기 인식과 그것의 해소 가능성에 관한 기대를 동시에 환기하게 만듭니다. 이러한 기대에 사로잡힌 두아넬은 콜레트의 집 맞은편 건물로 거처를 옮기고 자주 그들의 식사에 동석합니다.

오프닝 시퀀스의 두아넬은 높은 층 셋방의 테라스에 서서 차와 사람들이 분주히 오가는 발아래 도시의 전경을 무심히 관망합니다. 이사 후의 두아넬은 창문 너머로 콜레트의 가족을 보고 또 그들과 한담을 나눕니다. 마침 층이 같아 양측의 시선은 수평으로 만나고 테라스 사이의 거리도 손을 뻗으면 닿을 듯 가까워 보입니다. 그렇지만 시선들의 접촉은 일시적이며 몹시 가깝다는 거리감 또한 두아넬 쪽에서 콜레트의 집 창문을 비추는 앵글 숏angle shot에서만 나타나는 착시입니다. 맞은편 집을 바라보는 데 많은 시간을 할애하는 이는 언제나 두아넬입니다.

시선의 일시적 접촉과 거리감의 착시 속에서 그는 콜레트의 가족과 하나가 되기를 소망합니다. 대상과의 합일을 통해 결핍을 해소하고 완전한 자아를 얻으려는 의향, 바꿔 말해 타인에게 자신을 내맡기는 방식으로 방황을 끝내겠다는 식의 소망은 좌절될 수밖에 없으며 이 소망이 좌절되는 순간 영화의 시간도 끝납니다. 영화 말미의 가족 식사 도중 콜레트는 자신을 데리러 온 남자 친구를 따라 외출합니다. 남겨진 두아넬은 콜레트의 부모와 식사를 마친 후 TV를 봅니다. '콜레트의 친구'가 아닌 '그냥 두아넬'로서 콜레트 없이 콜레트의 부모와 함께 있는 상황은 어색하기만 합니다.

〈도둑맞은 키스〉의 크리스틴과 파비안, 〈부부의 거처〉의 크리스틴과 쿄코, 〈사랑의 도피〉의 릴리안과 사빈 그리고 다시 등장한 콜레트, 이에 더해 사랑의 한 부분이자 종종 그 대리물로 기능하는 성욕의 매개자인 성매매 여성들에 이르기까지…. 이후의 연작은 성애들을 가로지르는 사랑의 연대기입니다. 이 사랑의 연대기를 통속적 기준에 빗대어보면 어긋나거나 중단되거나 결실을 맺지 못해 '실패한 사랑들'의 기록에 지나지 않습니다. 하지만 사랑의 삽화 사이에서 일어나는 이동이 곧 연대기의 핵심이라는 점은 사랑이 간직한 비밀, 즉 단순한 만남의 황홀경이

나 섹스, 일방적 희생, 계약이자 제도로써의 결혼 중 무엇 하나도 사랑과 온전히 같을 수 없다[4]는 진실을 드러냅니다.

• 예술을 향한 열정은 곧 비결정성에 대한 사랑일지도

〈도둑맞은 키스〉는 탐정 영화의 형식을 입은 로맨틱 코미디입니다. 호텔 접수대에서 쫓겨난 두아넬은 탐정 사무소에 취직합니다. 탐정은 익명적 개인들을 관찰함으로써 의미의 파편인 단서를 모으되 자신이 찾는 진실이 무엇인지 모르는 상태로 조사에 착수하는 직업입니다. 한편 진실은 매번 의외의 것 혹은 명확하지 않은 것의 형태로만 현전現前합니다. 파리한 인상의 사내가 마술사인 친구의 행방을 추적했던 까닭은 그를 사랑했기 때문입니다. 주변 사람들이 구두 가게 사장인 타바르를 싫어하는 이유도 직관의 차원에서 짐작만 가능할 뿐 한두 마디로 정리하기 어렵습니다. 이처럼 객관성에 대한 지향만으로는 포착할 수 없는 진실들이 세계의 본모습에 가깝습니다. 여기서 언어의 문제가 부상합니다.

#

"그 마술사가 출연하는 곳은 고급 카바레였소?"

"아뇨. 예술적인 느낌이었어요. 테이블 위에는 촛불이 있고 화장실 안에는 비발디가 흐르는…."

#

"참, 파비안 타바르 부인을 만났는데요. 황홀한 목소리에 완벽한 영어를 구사해요. (…) 아주 부드럽고도 신비로운 표정에 빼어난 미모예요. 코는 약간 들린 듯 오똑하고 섬세하고요. 피부는 눈부셔요. 실내 불빛처럼요!"

"이봐요. 앙투안, 이건 보고서지 사랑 고백서가 아니에요. 가 봐요."

탐정 사무소가 필요로 하는 것은 객관적 보고서의 언어입니다. 보고서의 언어는 '사실'들을 옮겨 나릅니다. 반면 두아넬이 구사하는 것은 주관성의 언어입니다. 감각적 인상과 비유로 가득 찬 그의 말들은 오히려 시에 가깝습니다. 따라서 탐정 사무소와 두아넬 사이의 대화는 항시 [탐정 사무소의 객관적 언어로 된 보고 요청 ⇨ 두아넬이 주관적 언어를 사용해 대답 ⇨ 탐정 사무소에 의한 보고 내용의 부연과 교정]의 순서로 흘러갑니다. '해야 하는 말'과 '할 수 있는 말'의 불일치 탓에 두아넬은 탐정 일에 제대로 적응하지 못합니다.

탐정 사무소는 "아내가 정부情夫를 두고 있는지 알아봐 달라."는 타바르의 사건 의뢰를 두아넬에게 맡깁니다. 그런데 두아넬은 감시하고 조사해야 할 상대인 파비안을 보고 (또) 첫눈에 반합니다. 자기가 찾아야 할 정부가 바로 자신이 될지도 모르는 곤경에 처한 것입니다. 고심 끝에 두아넬은 파비안에게 자신만의 언어로 적은 고백 겸 작별의 편지를 보냅니다. 공교롭게도 이 편지 덕분에 두 사람은 서로가 같은 감정을 느끼고 있음을 확인합니다. 두아넬을 찾아온 파비안은 그가 편지에서 언급한 오노

레 드 발자크의 소설 『골짜기의 백합』에 관해 길게 이야기합니다. 남편이 있는 여성과 의뢰인의 아내를 사랑하게 된 젊은이, 이 둘은 문학적 은유에 기대어서만 서로의 진심과 관계에 대해 말할 수 있습니다.

사랑을 가늠하려는 언어의 지향은 예술을 향한 열정과 통하며 최종적으로는 세계에 속한 존재의 비의적祕儀的 진실을 탐색하는 두아넬의 시도를 지탱합니다. 세계 내의 존재는 '이중의 비밀'을 간직합니다. 하나는 우리가 타인에게 의도적으로 밝히지 않는 무언가고, 나머지 하나는 분명 자기 자신에 관한 것임에도 스스로 의미화하거나 완벽히 파악할 수 없는 차원이 있기에 생겨나는 절대적이고도 필연적인 비밀입니다. 두아넬이 거듭 새로운 사랑에 빠지는 이유, 파비안이 내린 결단, 크리스틴이 두아넬의 곁을 지키려 한 까닭, 재회한 콜레트와 두아넬이 떠난 즉흥적 여행의 가치…. 이른바 '보고서의 언어'로는 이러한 수수께끼들을 완벽하게 해명할 수 없습니다. 예술의 언어만이 비밀의 주변부를 끝없이 맴돌며 섬광처럼 빛나는 진실의 찰나를 겨우 포착할 수 있을 뿐입니다.

영화의 결말 그리고 삶의 결말

자전적 작품은 특수한 개인의 이야기에서 출발하여 보편성의 차원에 가닿기를 원합니다. 이것은 창조자의 손을 떠난 피조물로서의 작품 그 자체가 지니는 욕망입니다. 개별적인 것과 보편적인 것이라는 대립항들이 하나의 작품 안에 공존할 때 그러한 모순 위에서 예술의 성취가 구성됩니다. 장장 20여 년에 걸쳐 장르도 제각각인 연작이 성립할 수 있었던 까닭은 방황, 사랑, 삶 등의 문제를 완벽히 해명하는 일이 불가능함에도 예술의 언어와 비의적 진실을 향한 열정이 지속적 발화를 강제했기 때문인지도 모릅니다. 그러므로 이 연작은 곧 종결과 지속, 비밀과 진실, 특수한 것과 보편적인 것이 공존하는 자리를 마련하기 위한, 감독의 '더 낫게 실패하는 발화의 연대기'입니다.

한 가지 덧붙이자면 예술적인 것의 효과는 창조자가 죽어도 사라지지 않습니다. 비록 연작에 속하는 작품은 아니지만 〈여자들을 사랑한 남자(1977)〉가 이 점을 잘 보여줍니다. 〈여자들을 사랑한 남자〉에는 두 음성이 등장합니다. 하나는 편집자의, 다른 하나는 베르트랑의 음성인데 중요한 것은 후자입니다. 영화의 시작과 함께 이미 죽음을 맞이한 베르트랑이건만 그의 목소리는 죽지 않고 '출현'합니다. 그러나 베르트랑의 목소리가 등장한다는 사실은 전혀 어색하지 않습니다. 이 유령의 음성은 베르트랑이 쓴 책의 내부에서 흘러나오기 때문입니다. 〈여자들을 사랑한 남자〉의 베르트랑은 죽었으되 죽지 않음으로써 개체의 유한성과 상관없이 더 낫게 실패하는 발화를 이어 갑니다. 물론 해당 발화를 두고 실패하는 독해를 꾀하는 누군가들의 시도 역시 예술적인 것의 효과의 일부입니다.

4. 딜레마를 통과하는 선^善

착하다는 모호한 말

착하다. 이 말의 외연은 몹시 넓고 그렇기에 용례도 제각각입니다. 남에게 미움을 받을까 무서워 매사에 굴종만 하는 사람도, 돈을 잘 빌려주거나 적선을 즐겨하는 사람도 착하다는 평을 듣습니다. 어쩌면 전자는 그저 갈등 상황에서 자아가 겪을 고통을 회피하기 위해 애쓸 따름이고, 후자는 시혜를 베푸는 자신의 모습에서 만족감을 얻는 것뿐일지도 모르는데 말입니다. 아무튼 착하다는 가치 판단의 언어는 넘치는 범용성 때문에 자주 모호하고 공허한 말이 됩니다. 착한 사람이 되기를 다짐하거나 타인과 자신에 대해 착하다는 평을 내리기 이전에 착함이라는 가치 자체를 탐구의 대상으로 설정해야 할 필요성이 여기에 있습니다.

앞서 '착함'이라 적었습니다만 형용사 착하다의 명사형으로 착함을 사용하는 사례는 드뭅니다. 통상의 어휘 체계에서 착하다는 형용사와 대응하는 명사는 선善 또는 선량善良입니다. 그리고 착하다도 선도 good의 번역어로 쓰입니다. 따져보면 선은 인간이 타고난 마음의 덕인 사단四端이 있는 그대로 발현한 상태를 가리키는 유교적 개념[5]에 근간을 두고 있으며 서구 철학의 전통 내에서 윤리와 쾌락의 문제를 동시에 건드리는 good은 선과 어느 정도 의미의 교집합을 지니되 그 범주가 완전히 일치하지는 않습니다. 순우리말 착하다는 선과 good 둘 다를 대신할 수 있는 일상 어휘지만 앞서 언급한 부정확성을 동반합니다.

추상적인 것을 포착하려는 언어의 한계와 개념들의 간극이 있음에도 "그가 개과천선했다고 믿어."라든가 "He is good-natured that he could dispense with the help of law.", 아니면 "아이가 공부를 못하더라도 착하게 컸으면 좋겠어요." 따위의 말을 하고 들을 때 뜻이 통하는 까닭은 선과 good, 착하다 모두가 윤리의식과 도덕률을 전제하는 표현이기 때문입니다. 이제 윤리적인 것이란, 도덕적인 것이란 무엇인가라는 물음이 남습니다. 즉답과 단답으로써는 이 물음을 해소할 수 없습니다. 윤리와 도덕의 양자는 개인이 생각과 실천의 주체로서, 관계들의 한 부분으로서, 권리와 의무를 지니는 사회 구성원으로서 살아가며 끝없이 마주하는 '작은 질문들'을 통해 그 윤곽이 구성되는 가변적 형식에 가깝습니다.

메디컬-사고 실험 드라마의 딜레마 게임

〈The Good Doctor(이하 굿 닥터)〉[6]는 메디컬 드라마지만 응급실의 긴박한 의료 행위 전반을 재현하는 '〈ER〉류'와도, 추리·수사극의 문법에 따라 원인 모를 병증의 정체를 추적하는 과정에 집중하는 '〈하우스〉류'와도 다른 노선을 취합니다. 〈굿 닥터〉에서 산 호세 최고의 의료 기관인 성 보나벤처병원의 외과라는 장소는 다양한 인간 군상과 사연을 한데 모으고 그것들이 촉발하는 갈등과 고뇌를 펼쳐 놓기에 알맞은 배경입니다. 또한 미지의 증상이나 희귀 질환, 긴급 수술, 대규모 재난 등은 의학적으로 합리적이면서 개인의 생명과 건강, 행복 추구, 자기 결정의 권리 등을 최대한 보장하는 방법이 무엇인지를 묻기 위한 극적 장치로 기능합니다. 〈굿 닥터〉의 장르는 메디컬-사고 실험 드라마로, '선의 윤곽을 가늠하기 위한 작은 질문들'을 한 회마다 새롭게 반복합니다.

이 작은 질문들은 선택을 요하는 상황을 계기로 발생하며 완벽한 해답을 얻기가 매우 어렵다는 특징을 지닙니다. '딜레마'가 대표적 예입니다. 우리가 어떤 선택을 해야 하는 상황은 대개 딜레마적 측면, 즉 두 선택지 중 무엇을 고르든 바람직하지 못한 결과가 예상되는 곤란함을 수반합니다. 선택지가 늘어난들 곤란함은 사라지지 않습니다. 결국 모든 선택은 '완벽하게 좋은 것을 고르는 일'이 아닌 '어떤 한계를 감수할지를 결정하는 일'로 귀착합니다. 게다가 관념적으로는 흑과 백을 가르듯 선과 악, 도덕과 부덕, 윤리와 비윤리의 명확한 이분법을 상정할 수 있지만 현실 문제에서는 형편이 다릅니다. 이때 선을 위한 선택은 무채색의 스펙트럼 안에서 그나마 가장 상황에 적합하며 수용할 만하다 간주되는 어디쯤의 회색을 짚는 행위와 비슷합니다.

성 보나벤처병원의 외과 의료진은 결혼식을 올리러 가던 중 사고를 당해 대퇴골이 산산조각 난 채 혼수상태에 빠진 예비 신랑을 두고 고민에 빠집니다.[7] 두 선택지가 있습니다. 첫 번째는 일반적 수술법으로, 다리를 절단해 출혈과 감염을 막고 환자의 생명을 구하는 것입니다. 하지만 영구적 장애가 남습니다. 두 번째는 대퇴골 전체를 티타늄 소재의 인공 뼈로 교체하는 방법입니다. 이 경우 환자의 다리를 보존할 수 있습니다. 다만 이 정도로 큰 뼈를 통째로 이식하는 교체술은 전례가 없는 실험적 처치라 수술 중 환자가 사망할 가능성이 10%에 달합니다. 당사자가 의식이 없으니 선택은 가족의 몫이 됩니다. 아들의 죽음만은 막아야 한다는 생각으로 환자의 부모는 절단술을 택합니다. 반면 예비 신부는 야외 활동과 여행, 모험에 몰두하던 자신의 약혼자라면 기꺼이 위험을 감수할 것이라면서 교체술을 요청합니다.

사고가 성혼 전에 일어나 법적으로 예비 신부는 아직 '남'인데다 환자가 별도의 의료 결정 대리인을 지정해 두지 않았기에 최근친인 부모의 뜻대로 절단술을 준비하던 그때 예비 신부가 신청한 수술 중지 긴급 명령과 함께 지방법원의 판사가 병원으로 찾아옵니다. 판사는 담당 의사와 환자의 부모, 예비 신부를 한

데 모아 의견을 청취하며 환자가 뭘 원할지 알아내려 합니다. 이는 다음의 물음들을 마주하는 과정입니다. 심각한 영구적 장애가 남되 생존은 확실한 절단술과 자칫 생명을 잃을 위험이 있지만 성공한다면 사고 전과 동일한 삶의 질을 보장하는 교체술 중 무엇이 더 합당할까? 현 시점의 법적 최근친이 부모니까 향후 남성과 일상 전체를 공유하게 될 예비 신부의 입장은 고려할 필요가 없는가? 부모와 예비 신부 가운데 어느 쪽이 독립한 성인 남성의 평소 사고방식과 가치관을 깊이 이해하고 있을까?

경추 골절을 입은 암벽 등반가는 회복 후 다시 암벽을 오를 수 있는지의 여부만을 기준으로 위험한 수술을 감행하려 합니다. 그의 부모는 그가 아드레날린에 중독되어 암벽 등반에 집착하는 상태고 이대로 둔다면 언젠가는 죽고 말 것이라며 그 결정에 반대합니다. 환자의 소망이 이성적 판단에 의한 것인지, 아니면 자기 파괴적 충동에 의한 것인지를 진단하기 위해 전문 심리 상담사까지 병실을 방문하지만 답을 찾기는 쉽지 않습니다.[8]

성기 부근에 종양이 생긴 여성 환자는 이를 제거하고 섹스와 오르가슴이 없는 인생을 살지, 아니면 3년 내에 치명적 발작을 겪을 95%의 확률을 감수한 채 파트너와의 육체적 교감이 주는 행복을 지킬지를 결단해야 합니다.[9] 현재의 선택이 어떤 미래로 이어질지는 누구도 확실히 알 수 없습니다. 당사자조차 훗날 오늘의 선택을 후회할지 그렇지 않을지를 미리 알지 못합니다.

딜레마 상황에서 대부분 최종 결정은 환자나 그의 대리인의 몫입니다. 하지만 그들이 모종의 이유로 지나치게 위험하거나 근시안적 선택을 하려는 듯 보일 때에는 의료진이 개입합니다. 의사끼리도 딜레마 상황에 관한 숙의를 거치는 가운데 환자에게 제시할 수 있는 제3의, 제4의 대안은 없는가, '자기 결정권의 보장'이 현대의 핵심 원칙이라지만 그저 당사자가 원하는 대로 해 주고 만다면 그것으로 끝인가, 의사로서 책임을 충실히 이행했다 말할 수 있는가 등의 질문을 거듭 마주합니다. 〈굿 닥터〉에 등장하는 온갖 딜레마는 삶 속에서 우리가 경험하는 도덕적, 윤리적 판단 자체의 속성을 암시합니다. 주어지는 것은 오직 확률과 가능성의 형식으로 출현하는 애매함과 혼란뿐입니다. 판단에 관한 확신의 근거는 상황에 내재하지 않습니다.

좋은 의사와 다면적이고도 중층적인 선

메디컬 드라마의 문법을 따르는 이상 〈굿 닥터〉에서도 이야기의 중심에 서는 것은 의료진입니다. 성 보나벤처병원의 외과의들은 상이한 인종, 계급, 문화적 배경에 속해 있으며 성격, 약점과 강점, 신념도 모두 다릅니다. 멜란데스는 완벽에 가까운 유능함을 갖춘 외과의라는 평과 냉정하고 오만한 사람이라는 평을 동시에 듣습니다. 노년의 병원장인 글래스먼은 현명하고 사려 깊은 신경외과 분야의 권위자이지만 때때로 고집스러운 통제광의 면모를 드러냅니다. 출세 지향적 인물인 외과 과장 앤드루스는 자신의 이해득실에 민감할망정 의사로서의 실력이 출중하며 원칙을 준수하는 중간 관리자입니다. 이 드라마에 '성자처럼 도덕적으로 완전한 의사 대 성과와 유명세를 좇느라 악행을 일삼는 의사' 같은 대립 구도는 없습니다. 드라마는 캐릭터들에게 입체적 인간성을 부여했고, 이를 통해 선에 관한 질문들을 효과적으로 제기합니다.

주인공 숀도 그렇습니다. 자폐증과 서번트 증후군을 가진 숀은 환자에게 부드러운 화법으로 병세를 전하거나 위로를 건네는 일, 환경의 변화와 스트레스를 견디는 일, 필요에 따라 융통성을 발휘하는 일 등을 해내지 못합니다. 그렇지만 한 번 본 의학 논문이나 자료의 내용을 언제든 떠올릴 수 있는 기억력과 머릿속에서 인체 내부를 정확하게 구현하는 공간 지각력을 가지고 있습니다. 〈굿 닥터〉는 숀의 비범한 능력을 묘사하는 데도, 그의 약점으로 발생하는 문제 상황과 이때 동료 의사나 환자들이 느끼는 피로와 당혹감을 표현하는 데도 많은 공을 들입니다. 마냥 자폐증을 연민하거나 서번트 증후군을 경이롭고 신기한 무언가로 그리는 대신 조직이 수용하고 관리할 만한 구성원의 약점과 강점으로 보는 것입니다.

이처럼 의료진 사이에서 두드러지는 것은 개별 인간의 특질들이 만드는 차이입니다. 그럼에도 〈굿 닥터〉 속 의사들은 동료로서 협업하며 '팀'으로 움직입니다. 이것이 가능한 이유는 이들이 근본적 공통성에, 그러니까 좋은 의사가 되겠다는 목표와 그 목표를 이루기 위해 추구하거나 경계해야 할 바가 무엇인지를 분별하려는 의식에 함께 묶여 있기 때문입니다. 물론 좋은 의사가 되겠다는 막연한 마음을 품는 것만으로 좋은 의사가 될 수 있을 리는 없습니다. 〈굿 닥터〉는 극 전체를 할애해 좋은 의사가 되려면, 바꿔 말해 의사로서 선을 추구하려면 그 이전에 몇 가지 조건을 먼저 충족해야 함을 보여줍니다.

첫 번째 조건은 '직능의 탁월함'으로, 높은 수준의 의학 지식과 수술 솜씨, 자신의 연구 성과를 축적하고 타인의 연구 성과를 참조하는 지적 성실성, 의료 업계에 먼저 온 숙련의로서 나중에 온 수련의들을 감독하고 한 사람의 몫을 하는 의사가 되게끔 훈육하는 역량 등을 갖추는 것입니다. 의사의 직능이 탁월할수록 병을 빠르고 정확하게 진단한 후 효율적으로 치료할 가능성이 올라가며 처치법의 선택지 역시 늘어납니다. 앞서 언급한 예비 신랑의 대퇴골 골절 상황에서 레지던트 클레어가 최신 수술 사례를 몰라 교체술을 제안하지 못했다면 혹은 집도의 멜란데스의 실력이 부족해 교체술을 엄두조차 낼 수 없었다면 환자에게는 다리를 자르는 것 외에 다른 선택지가 없었을 것입니다. 요컨대 '좋은' 의사의 일면은 '유능한skilful' 의사입니다. 직업인으로서의 전문성을 보증하고 이를 성실히 발휘한다는 의미의 유능함은 직업 윤리의 기본 덕목 중 하나이기도 합니다.

두 번째 조건은 일상적 발화에서 선을 이야기함에 대체로 그 지시 대상이 되는 이타성입니다. 인간의 보편적 감정인 동정심과 연민이 이타성의 근간을 이루지만 그렇다고 해서 의사의 이타성을 곧장 동정과 연민의 단순한 감정적 반응과 동일시할 수는 없습니다. 의사는 직업 윤리, 관련 제도, 현행법 등의 규율과 원칙에 따라 사회적으로 합의된 합리성이 허용하는 범위 내에서 그 내용이 정하는 방식에 맞게 이타성을 발휘해야 합니다.

마지막 조건은 결정과 실천의 적절성을 향한 의지입니다. 딜레마 상황의 애매함과 불확실성이 야기하는 고통과 혼란을 마주한 상태에서도 포기하거나 멈추지 않고 각자 가치관의 (불)일치 위에서 숙고하고 의논하며 가장 유효한 선을 찾는 일, 이것을 반복하여 견뎌 나가는 일련의 절차들을 지탱하는 것이 바로 저 의지입니다.

혼자서만 착한 사람은 자주 선을 해하고

지금까지 좋은 의사의 자질에 관해 이야기하며 인간의 보편적 감정인 동정심과 연민에 기반을 둔 이타성 그리고 공동의 다층적 규범 사이에 흐르는 긴장에 관해 이야기했습니다. 선은 개인에 내재하는 성격의 특성이며 선한 사람이 자신의 특질에 따라 행동하는 것이 곧 선이라는 관점을 따르자면 이와 같은 긴장은 논외가 됩니다. 이 관점은 사람들의 행동을 "그들이 지닌 성향", 즉 "모든 상황에 대해 일관성이 있고, 따라서 주체의 환경에 나타난 변화들, 특히 작은 변화에 영향을 받지 않는 특성"으로 "가장 잘 설명할 수 있다고 생각하는 일반적 경향"[10]과 상통합니다. 그러나 〈굿 닥터〉의 몇몇 에피소드는 개인과 공동체가 동일하게 선을 지향할지언정 양자 사이의 긴장은 선의 지향을 위한 조건으로써 '필요한 것'인 동시에 어떤 절차가 선을 지향하는 일인 이상 자연스럽게 발생한다는 의미에서 '불가피한 것'으로서 존재함을 보여줍니다.

시즌 1 제10화[11]에서 레지던트 클레어는 자신이 참여한 수술의 집도의 코일 교수에게서 "마치고 한 잔 하자. 내가 마사지를 잘하거든. 아침에 죽이는 오믈렛도 만들어줄게."라는 제안을 받습니다. 클레어가 거절하자 코일 교수는 "이러는 거 지시 불복종이야. (…) 다음에 뭐 하자고 하면 뻣뻣하게 굴지 마."라고 말한 후 자리를 박차고 나가버립니다. 클레어는 동료 레지던트 칼루에게 이 일을 털어 놓습니다. 칼루는 인사과에 보고하기를 권합니다. 하지만 클레어는 제시할 수 있는 물적 증거가 없어 인사과에서 자신의 말을 믿지 않을 가능성이 크다는 점을 걱정합니다. 그렇다고 해서 아무 일도 없었던 것처럼 그냥 넘어갈 수도 없습니다. 둘의 대화는 뚜렷한 결론 없이 끝납니다. 그 후 클레어는 용기를 내기로 마음먹고 이 사건을 어떻게 해결할지, 그 방향을 정합니다.

그 사이 칼루는 코일 교수를 찾아가 그의 멱살을 잡고 로커에 밀친 후 "한 번만 더 클레어를 협박하거나 모욕하거나 곁눈으로 보기라도 하면 이 정도로 끝나지 않"을 것이라 으름장을 놓습니다. 칼루는 클레어에게 연민을 느끼고 그를 도우려는 의도로 행동했지만 이는 나쁜 결과를 야기합니다. 일단 직원 폭행에 대한 징계로 칼루 본인이 해고를 당합니다. 더 심각한 문제는 코일 교수의 언행이 명백한 '직장 내 위력에 의한 성폭력'이었음을 자각한 후 적합한 방식으로 사건을 해결하겠다고 결심한 클레어의 자기 결정권을 침해했다는 것입니다. 타인에 대한 연민은 꽤 자주 그의 선한 구원자가 되겠다는 자아의 욕망과 한 쌍을 이룹니다. 이 둘을 완전히 분리해 전자만을 취하고 후자를 없애는 일은 불가능합니다. 칼루도 자신이 좋아하는 클레어의 해결사가 되고 싶었습니다. 그래서 그는 조급했고 경솔했으며 정작 제일 중요한 클레어의 주체성을 도외시했습니다.

칼루는 레지던트로서 유능하며 환자를 향한 연민도 곧잘 느낍니다. 좋은 의사가 될 기본 조건은 갖춘 셈입니다. 다만 앞서 언급했듯 자신만의 감정과 좋은 의도에 입각해 무엇이 선을 지향하는 일인가를 판단하고 행동으로 옮기는 일이 잦습니다. 코일 교수의 사건이 있기 전[12] 칼루는 고장 난 심박 조율기 때문에 심정지로 실려 온 심부전 말기의 노인 환자를 담당했습니다. 노인은 칼루에게 죽고 싶어 일부러 심박 조율기를 고장 냈다는 사실을 고백하며 자신을 그냥 내버려 두라고 합니다. 두 차례 긴 대화를 나누면서 칼루는 심부전 말기의 고통을 겪는 혈혈단신의 노인과 유복한 가정에서 태어났지만 부모에게 방임 당한 채 성장한 자신의 외로움을 겹쳐 봅니다.

"선생은 나를 못 도와요."라는 노인의 한탄에 칼루는 "도울 수 있어요."라고 답합니다. 당직을 제외한 의료진들이 퇴근한 늦은 밤, 칼루는 소생술 포기 동의서에 노인의 서명을 받은 후 그가 심박 조율기를 끄는 것을 지켜봅니다. 노인의 심장이 서서히 멈추면서 모니터링 장비가 이상을 감지하자 칼루는 환자의 용태가 급격히 나빠지고 있음을 알리는 소리가 울리지 않도록 기계를 조작한 다음 약간의 통증을 느낀다는 노인에게 모르핀을 주사합니다. 노인은 감사를 표하며 칼루의 어깨에 손을 올리고, 칼루는 눈물을 참으며 노인의 손을 잡습니다. 그 덕분에 노인은 비교적 평온한 죽음을 맞이합니다. 이 일은 둘만의 영원한 비밀로 남습니다. 이때도 칼루는 노인에게 연민을 느꼈으며 그의 고통과 외로움, 슬픔에 진심으로 '공감'했습니다. 노인은 자기 소원대로 생을 마감했고, 칼루는 착한 사람입니다. 그렇다면 다 괜찮은 것일까요?

공동의, 열린 원칙으로서의 도덕적 휴리스틱

〈굿 닥터〉의 배경인 산 호세가 위치한 캘리포니아주는 2016년 6월부터 환자가 죽음을 선택할 권리를 인정하는 존엄사법 End of Life Option을 시행했습니다. 이 권리를 행사하려면 다음의 단서 조항을 '모두' 충족해야 합니다. 환자가 18세 이상이며 그의 질병을 치료할 방법이 없을 것, 해당 질병이 극심한 고통을 유발할 것,

환자의 남은 수명이 6개월 미만일 것, 환자가 의사에게 2회 이상 존엄사를 요청했을 것, 환자의 정신이 온전하며 의사 결정 능력이 정상인지의 여부를 의사 2명 이상이 진단할 것, 환자가 존엄사를 원한다는 의사를 밝힌 때로부터 15일의 숙려 기간[13]을 두고 의료, 심리 상담을 진행할 것, 존엄사가 이루어지는 자리에 증인 2명이 배석할 것, 의사가 치사 약물의 처방전을 발급하고 해당 약물을 환자가 직접 받아 복용하는 방식을 취할 것.[14]

이 까다로운 단서 조항들은 존엄사가 불가역적 조치인 만큼 이를 허용하고 실행함에 그것이 환자의 경솔한 자기 파괴에 그치지 않도록 신중을 기하게 하고, 해당 절차에 개입하는 의사의 양심과 정서를 보호하는 안전장치로 기능하는 동시에 현대 사회에서 개인의 죽음이 유기체 하나의 단순한 소멸을 넘어 직업적 신념, 도덕, 윤리, 법률, 기본권 등의 다원적 가치들을 둘러싼 담론의 각축장으로서 존재하고 있음을 드러냅니다. 이미 존엄사법을 시행하는 곳에서도 환자가 죽음을 원할 시 이를 인정(소생술이나 연명 의료 거부 동의)하거나 돕는 행위(소극적·적극적 안락사와 조력 자살)[15]에 대해서는 여전히 찬반 의견이 첨예하게 대립하고 있습니다. 요컨대 존엄사는 사회적 합의를 도출하는 과정 중에 있는 공공의 사안인 것입니다.

칼루가 한 일은 지극히 비공식적이고 무모한 자살의 제안과 조력에 지나지 않습니다. 여기에는 노인과 칼루 자신을 위한 어떤 안전장치도 없습니다. 고작 두 차례 대화를 나눴을 따름이며 노인이 죽고 싶다는 의사를 재차 밝힌 후 실제로 죽음을 맞이하기까지는 몇 시간밖에 걸리지 않았습니다. 존엄사법이 정한 대로 얼마간의 숙려 기간을 가지고 의료, 심리 전문가의 조력을 받았다면 어떻게 되었을까요? 존엄사법 시행 후 6년 동안 치사 약물을 처방 받은 전체 환자 가운데 35%는 죽지 않았다는 통계[16]가 있습니다. 시간을 두고 신중하게 자신의 상황과 대면했다면 노인 역시 마음을 바꿨을지 모릅니다. 아무것도 바뀌지 않았을 수도 있습니다. 이는 노인을 포함한 그 누구도 모를 일입니다.

칼루가 부모와의 건강한 애착 관계 속에서 성장해 외로운 노인과 자신을 또는 노인과 부재했던 자신의 아버지를 동일시할 계기가 없었다면 그래도 노인에게 편안한 자살을 제안하고 이를 보조했을까요? 그렇게 하지 않았을 가능성이 큽니다. 그렇다면 칼루가 품은 연민의 진정한 대상은 노인이었을까요? 아니면 자기 마음속의 외로운 소년 칼루였을까요? 아마 둘 다였을 것입니다. 인간은 감정에 쉽게 휘둘리고 상황의 작은 변화에도 큰 영향을 받습니다. 그래서 자주 비합리적이고 "잘못되었는데도 언뜻 더 도덕적인 것처럼 보이는" 결정[17]을 합니다. 〈굿 닥터〉는 칼루를 통해 의사도 인간인 이상 얼마든 환자에게 자신을 투사하거나 지나친 감정 이입을 할 수 있음을, 더 나아가 그런 한계를 자각하지 못한 채 자아의 선한 의도와 특질만을 믿으면 어떤 사달이 나는지를 분명히 드러냅니다. 칼루의 '선행'이 야기한 가장 큰 문제는 '병들고 고립된 노년의 사회 구성원이 차라리 죽기를 원하는 상황'을 공적 사안으로서 공공의 절차에 따라 다룰 여지를 임의로 차단했다는 데 있습니다.

인간이 스스로의 동기와 생각, 행위를 객관적으로 평가할 수도, 그 후과를 완벽히 예측할 수도 없음을 깨달은 결과 공동의 것으로서의 제도와 규칙, 기구機構 등이 고안되었습니다. 이는 선을 지향하기 위한 "도덕적 휴리스틱heuristic"으로, 평범하기에 불완전한 개인의 판단과 행동이 사회적으로 합의된 절차와 목적의 합리성을 위반하지 않도록 이끄는 규칙이자 장치[18]입니다. 존엄사법과 그 단서 조항들 또한 죽을 권리를 주장하는 환자를 대할 때 준수해야 할 휴리스틱에 해당합니다. 때때로 현실의 특수성은 추상적 규칙을 압도합니다. 그러므로 휴리스틱을 기계적으로 따르는 데 그치지 않고 이를 토대로 상황들의 구체성을 분석하고 선을 지향하는 개별 과정들에 충실한 결단을 축적하면서 휴리스틱을 지속하고 확장이 가능한 준칙으로 삼는 일이 과제로 남습니다. 이 작업은 다시금 좋은 의사의 세 가지 자질 중 마지막 항목인 '결정과 실천의 적절성을 향한 의지'의 발휘를 요구합니다.

현장의 판단 역량과 권한을 넘어서는 중대 사안이 발생할 때마다 소집되는 〈굿 닥터〉 속 여러 위원회, 그러니까 병원장, 이사진, 외과 과장, 환자의 담당 의사, 타 과 전문의, 병원 법무팀의 변호사 등으로 구성된 협의체의 숙의 장면 역시 휴리스틱의 작동과 활용 방식의 일면을 묘사합니다. 직능의 탁월함과 이타성이 구체적 인격으로서의 의사 개인을 통해 발현하는 자질이라면, 결정과 실천의 적절성을 향한 의지는 휴리스틱 위에서 작동하는 협의체의 숙의 과정 자체에 대한 조직 구성원 모두의 인내 그리고 대안들이 필연적으로 내포하는 한계 중 어떤 한계를 감수할지 합의하는 공적 결단으로 나타납니다.

성장하는 인간: 애매함과 불완전함을 상대하기

"살릴 수 있었던 환자를 잃은 적 있으세요?"
"코비드가 최악이었을 때 비응급 수술은 모두 취소해야 했어. 심장 질환이 있는 젊은 엄마가 내 예상보다 더 위급했지. 수술 일정을 잡으려고 나를 기다리다 사망했어."
"그걸 어떻게 극복하셨어요?"
"넘기긴 해. 일이니까. 근데 늘 기억은 나지. 그러다 언젠가는 결국 그만 떠올리게 될 거야."
"어떻게 그렇게 확신하세요?"
"그렇게 하지 않으면 외과 전문의가 못 되니까."[19]

도덕적 휴리스틱에 의지해도, 즉 규칙을 준수하고 공동의 숙의에 의해 도출된 판단을 따르며 결과를 공동체가 함께 나눠 책임진다는 점을 인지해도 딜레마를 통과하는 이상 개인은 상황의 애매함과 자기 역량의 유한성, 대안의 한계에서 비롯하는 고통을 직면할 수밖에 없습니다. 인턴에서 레지던트를 거쳐 숙련의가 되는 성장의 노정은 이러한 애매함과 불완전함을 상대하는 고통을 직면하고 수용하는 일의 반복으로 이루어져 있습니다. 보통의 인간의 성장도 마찬가지입니다. 〈굿 닥터〉는 '좋은 의사가 되려 하는 의사들'을 조명함으로써 선을 개인의 특질이자 확고한 정체성으로 간주하는 시각이 선에 대한 지극히 평면적인 이해에서 비롯한다는 진실을 이야기합니다.

    우리가 할 수 있고 해도 되는 일은 자신이 닦아야 할 기량을 닦고, 타인에게 연민을 느낄 때 긍휼하는 자아가 비대해지지 않도록 주의하며 보편적 규범과 특수한 현실 사이의 긴장 속에서 조금 더 낫게 실패하는 선택지를 고르는 것뿐입니다. '착한 나'라는 자의식과 얄팍한 자기 효능감에 봉사하는 '구원자 되기'나 '선한 영향력 추구' 같은 목표를 좇느니 이리 하는 편이 모두를 위한 모두의 선의 실현에 더 큰 도움이 될 것입니다.

5. 오래 사는 법: 기억과 시시한 유산

모험의 끝에서 시작하는 이야기

인간인 검사 힘멜과 성직자 하이터, 드워프족 전사 아이젠, 엘프인 마법사 프리렌으로 구성된 '용사 힘멜 일행'은 10년에 걸친 모험 끝에 마왕을 물리치고 세계에 평화를 가져옵니다. 개선을 기념하는 축제가 끝나자 프리렌은 동료들을 왕도王都에 남겨 둔 채 마법을 수집하러 떠납니다. 무한에 가까운 시간을 사는 엘프 프리렌에게는 마왕을 물리치는 모험에 쓴 10년도, 혼자 마법을 수집하며 보낸 수십 년도 찰나에 지나지 않았습니다. 50년 만에 왕도로 돌아온 프리렌은 노년의 힘멜과 하이터, 드워프라서 인간보다 더디 늙지만 전보다는 쇠약해진 아이젠을 다시 만나고, '반세기마다 쏟아지는 유성우를 다 같이 보러 가자.'는 약속을 지키기 위한 일주일 동안의 여행길에 오릅니다.

  이것이 힘멜 일행의 마지막 모험이었습니다. 얼마 지나지 않아 힘멜은 노환으로 죽습니다. 묘지에 묻히는 힘멜의 모습을 지켜보던 프리렌은 인간이기에 수명이 짧은 그에 대해 주어진 시간 동안 더 많이 알고자 애쓰지 않았음을 후회합니다. 그래서 프리렌은 다시 여정을 시작합니다. 이는 그가 줄곧 해온 마법 수집 여행의 연장이면서 인간을 이해한다는 또 하나의 목표를 향한 과정이기도 합니다. 여기까지가 〈장송의 프리렌〉[20] 제1화 「모험의 끝」의 내용입니다. 보통의 모험담이라면 끝이었을 지점에서 프리렌의 이야기는 시작합니다.

두 번의 모험: 현재와 현재적인 것으로서의 과거

소멸한 줄 알았던 마족 세력이 다시 준동함에 따라 게다가 프리렌의 목적지인 오레올, 즉 죽은 자들의 영혼이 모여 사는 장소가 하필 마왕의 성 근처인 관계로 프리렌의 여정은 자연스럽게 첫 번째 모험이 남긴 과제를 완수하는 반복 수행의 성격을 띱니다. 두 번째 모험의 경로와 목표, 그 과정에서 겪는 일들은 큰 틀에서 첫 번째 모험과 같지만 차이도 있습니다. 첫 번째 모험을 함께 했던 프리렌의 동료들은 이미 죽거나 늙어 '지난 세대'가 되었습니다. 두 번째 모험을 하는 것은 하이터가 말년에 거둬 키운 고아 페른과 아이젠의 제자 슈타르크를 맞아들여 완성된 '마법사 프리렌 일행'입니다. 페른과 슈타르크 역시 '현세대'의 마법사와 전사로서 한 사람의 몫을 단단히 해내는 동료입니다만 지난날 힘멜이 맡았던 통솔자의 역할은 이제 프리렌이 담당합니다.

본격적인 두 번째 모험은 첫 번째 모험의 종결로부터 무려 75년이 흐른 후에야 시작됩니다. 흥미로운 점은 한참 전에 완결된 과거의 사건인 첫 번째 모험이 기억을 통해 프리렌 일행의 두 번째 모험과 끊임없이 중첩하는 가운데 그 내부로 침투한다는 사실입니다. 〈장송의 프리렌〉에서 이 '시간과 기억의 문제'는 주요 인물들의 사고와 실천의 양상으로 구체화되며 그러한 사고와 실천의 연쇄가 첫 번째와 두 번째 모험 사이에 "시간 속의 차이" 혹은 "시간으로서의 차이"[21]들을 만듭니다.

페른을 제자 삼아 동행하기로 결정하면서 프리렌은 죽음을 목전에 둔 하이터에게 묻습니다. "있지, 왜 페른을 구한 거야?" 하이터는 한마디로 답합니다. "용사 힘멜이라면 그렇게 했을 테니까요." 프리렌은 이것으로 충분했는지 "자, 그럼 나도 그렇게 해볼까."라며 빙긋 웃습니다. 생전에 용사 힘멜이 보여준 용기, 의지, 우정, 소중한 추억이 하이터의 기억을 경유해 자신에게 이어졌음을 현세대의 마법사인 페른도 잘 압니다. 자립한 어른이 됨으로써 하이터의 뜻을 계승하겠다는 마음을 품고 페른은 열심히 마법을 연마합니다.

현세대의 전사인 슈타르크는 마족의 공격을 받아 초토화된 마을에서 혼자 도망쳐 살아남은 '겁쟁이'였습니다. 슈타르크를 보고 아이젠은 그와 똑같이 겁쟁이였던 과거의 자신의 모습을 떠올립니다. 그래서 아이젠은 슈타르크가 힘멜처럼 그리고 힘멜과의 모험에서 단단한 각오의 의의를 배운 자신처럼 다른 누군가를 위해 싸울 수 있는 전사로 성장하도록 조력합니다. 슈타르크가 프리렌 일행에 합류한 까닭도 즐거운 모험담을 잔뜩 가지고 돌아가는 것이 곧 스승 아이젠의 은혜에 보답하는 일이라 생각했기 때문입니다.

〈장송의 프리렌〉은 서사 전체에 걸쳐 뚜렷한 형식으로 기억을 통한 과거와 현재의 중첩을 반복해 재현합니다. 각각의 시퀀스는 [현세대의 프리렌 일행이 어떤 사건을 마주한다. ⇨ 프리렌이 지난 세대의 용사 힘멜 일행에 속해 겪었던 비슷한 상황의 기억을 떠올린다. ⇨ 과거의 것과는 다른 판단이나 행위를 한다는 차이 또는 그 판단과 행위의 결과로서의 차이가 발생한다. ⇨ 이 차이는 과거와 현재의 동료들에 관한 깊은 이해와 긍정으로 이어진다.]의 구조를 포함합니다. 따라서 단위로서의 개별 시퀀스와 그 시퀀스들을 조금씩 다르게 되풀이하는 서사 전체는 모두 "현재와 과거의 복합체이고 결정체"[22]입니다.

제4화「혼이 잠드는 땅」에서 현재의 프리렌 일행은 신년 축제일 새벽에 해돋이를 보는 풍습이 있는 마을에 들릅니다. 용사 힘멜 일행이 86년 전에 방문했던 장소입니다. 늦잠이 습관이라 해돋이를 보는 자리에 빠졌던 프리렌에게 힘멜은 이야기합니다. "우리는 네가 와서 즐기길 바랐어." 프리렌은 "고작 일출이잖아. 즐길 게 없을 것 같은데."라고 반문합니다. 하지만 힘멜은 확신에 찬 어조로 말합니다. "아니, 재미있었을 거야. 너는 그런 녀석이니까." 당시의 프리렌은 힘멜의 말이 무슨 뜻인지 몰랐습니다. 86년 후인 현재, 겨우겨우 신년 축제에 참석한 프리렌은 해돋이 그 자체가 아니라 그것을 보고 웃는 동료 페른의 모습에 자신이 기쁨을 느낀다는 사실을 알아차립니다. 힘멜이 했던 말의 의미를 프리렌은 비로소 이해합니다.

위대한 업적의 광채는 언젠가 퇴색할지언정

프리렌에게 첫 번째 모험이 속하는 과거와 두 번째 모험이 속하는 현재는 분리되지 않는 시간으로 흐릅니다. 첫 번째 모험이 끝나던 개선 축제의 밤, 제자를 들일 마음은 없느냐는 아이젠의 물음에 "이것저것 가르쳐봤자 금방 죽어버리잖아. 너희와 함께한 모험의 시간도 내 인생 전체에서는 100분의 1조차 안 돼."라고 대꾸했던 프리렌입니다. 그러나 약 75년 후 재회한 아이젠의 말마따나 그 '100분의 1' 덕분에 프리렌은 계속 변화합니다. 영생하는 엘프이기에 프리렌의 사고와 행위 안에서 이러한 시간의 특성이 유독 두드러지는 것일 뿐 앞서 언급했듯 다른 인물들에게도 과거와 기억은 항상 현재와 동시적인 것으로써 지속[23]합니다.

이렇게 〈장송의 프리렌〉은 두 종류의 영속성을 보여줍니다. 하나는 수명이 영원에 가까운 프리렌의 존재적 영속성이고, 다른 하나는 그런 프리렌의 기억을 통해 현재와 동시적인 과거로써 거듭 나타나는 동료들의 신념, 말, 행동 등의 영속성입니다.

후자는 현세대의 동료인 페른과 슈타르크에게 계승되며 또 이들이 뒤에 올 사람들에게 전할 일종의 정신적 유산에 해당합니다. 그리고 이와 같은 정신적 유산의 영속성은 '시시한くだらない 것'들이 지탱합니다.

용사 힘멜 일행의 모험이 어느덧 80여 년 전의 일이 된 지금, 대다수의 사람에게 힘멜 일행의 모험담은 "옛날 이야기 같은 것"[24]이 되어버렸습니다. 마족과의 충돌이 종종 일어나는 북부 지역에서는 여전히 힘멜 일행을 기리는 축제를 엽니다. 그렇지만 "이 축제, 백 년 후에도 이어질까?", "이 마을이 존재하는 한 그렇겠지요.", "천 년 후에는?", "그건 알 수 없네요."라는 프리렌과 마을 주민의 대화가 암시하듯 이조차 언제까지 계속될지는 장담할 수 없는 일입니다. '용사 힘멜과 그의 일행들이 마왕을 쓰러트리고 세계를 구했다.'는 거대 서사 속 위대한 업적의 광채는 그에 관한 사람들의 지각知覺이 약화함에 따라 필연적으로 퇴색합니다.

"난 말이야, 다 끝난 다음 시시했다며 웃어넘길 수 있는 즐거운 여행을 하고 싶어." 생환이 어려울 만큼 위험한 모험의 초반에 힘멜이 한 말입니다. 실제로 시시하기 이를 데 없는 일들이 그늘의 설속에 큰 기억을 했습니다. 힘멜과 아이젠이 국왕에게 반말을 썼다 벌을 받을 뻔한 일, 하이터가 과음과 숙취 때문에 반쯤 죽은 상태로 하루를 보낸 일, 이에 더해 꽃밭을 만드는 마법, 춤추는 골렘golem을 만드는 마법, 빙수를 만드는 마법 등 프리렌이 취미로 모은 자질구레한 마법들을 보면서 다 같이 웃고 떠든 일…. 대단한 성취를 이뤘다는 사실 자체보다 그 과정에 포함된 시시한 순간들 속에서 나눈 대화와 감정이 모험 이후 힘멜, 하이터, 아이젠과 프리렌의 삶에 있어 더 큰 가치를 지닙니다. 그 시시한 것들이야말로 차이가 '서로의 사이'에 있음을 긍정[25]하고 신뢰와 이해를 강화하는 데 보탬이 되었으며 그런 의미에서 아름답기 때문입니다.

슈타르크는 스승인 아이젠이 모험의 추억을 자주 떠올렸다고 프리렌에게 이야기하면서 이런 말을 덧붙입니다. "스승님은 네 덕분에 용사 일행의 모험이 시시한 여행이 됐다고 했어. 시시해서 대단히 즐거운 여행이었대." 힘멜의 장례식에서 프리렌은 동료에 대해 더 많이 알고자 애쓰지 않았다며 스스로를 책망했습니다. 하지만 아이젠이 기억하는 바에 따르면 첫 번째 모험에서 프리렌은 충분히 중요한 역할을 했고 동료들의 신뢰와 지지를 받았습니다. 요컨대 프리렌의 두 번째 모험은 과거의 오류를 바로잡아 만회하는 식의 절차가 아닙니다. 이제 프리렌은 기억과 결부된 정신적 유산의 매개자로서 현세대의 동료들과 더 많은 시시한, 그렇기에 아름답고 즐거운 일들을 예전과 같으면서도 다르게 반복할 것입니다.

수명과 상관없이 오래 사는 법

많은 사람이 오래 살기를 바랍니다. 한데 이 욕망은 좌절되기 마련입니다. 발달한 의학과 과학 기술 덕분에 치명적이었던 질병 대다수를 예방, 관리, 치료할 수 있게 된들, 노화를 늦추는 법에 관한 지식을 습득하고 그대로 따른들 당장 내일 길을 건너다 트럭에 치여 다할 수도 있는 것이 인간의 수명입니다. 개별 유기체로서의 자신을 계속 유지하는 식의 장수니 불로장생이니 하는 것들은 인간의 노력으로 어찌할 수 없는 근본적 불가능성의 영역에 해당합니다. 그저 오래 살기만 한다면 과연 그것이 좋은 일인지도 의문입니다.

인간은 다른 방식으로 오래, 아니 어쩌면 영원히 살 수 있습니다. 좋은 쪽으로든 나쁜 쪽으로든 엄청난 일을 해내 유명세를 얻는 것도 방법 중 하나입니다만 그런 대단함과 유명세의 광채는 언젠가 반드시 퇴색합니다. 그러므로 지금까지 언급한 정신적 유산의 영속성을 추구하는 편이 낫습니다. 결국 단순한 이야기입니다. 삶을 관통하는 시간성의 진리에 주의를 기울이기, 지금 무언가를 함께하는 사람들에게 충실하기, 차이의 긍정과 이를 기반으로 한 상호 이해와 신뢰를 위해 노력하기. 너무 '시시한' 결론인가요? 그렇다면 다행입니다.

2부 후주

1. 알랭 바디우, 『베케트에 대하여』, 민음사, 서용순·임수현 옮김, 2013, 16~25쪽 참조.
2. 원제는 "온갖 말썽, 어리석은 일을 저지른다."는 의미의 관용구인 'faire les cent(quatre cents) coups'에서 따온 〈Les 400 Coups〉입니다. 영어판에서 이 제목을 〈The 400 Blows〉로 번역했고 blow(① 슬픔, 절망을 불러일으키는 충격, ② 세게 때림, 강타)를 한국어로 중역하는 과정에서 오역이 발생했습니다. 원제를 보면 소년 앙투안 두아넬의 정서적 방황을 가리키는 것이 본래 의도였음을 알 수 있으며 실제로도 아동을 400번 구타하는 영화는 아닙니다.
3. Anna Freud, *The Mechanisms of Defense*(pp.42~53), *Orientation of the Processes of Defense According to the Source of Anxiety and Danger*(pp.54~65), The Ego and the Mechanisms of Defence: Revised edt., Karnac Books, 1993. 참조.
4. 알랭 바디우, 『사랑예찬』, 길, 2010, 조재룡 옮김, 147~148쪽 참조.
5. 「빈섬의 어語?: '착하다'라는 말은 착하지 않다」, 『아주경제』, 2018. 5. 31.
6. KBS2 월화드라마 〈굿 닥터(2013)〉를 리메이크한 작품으로, 가상의 장소인 성 보나벤쳐병원의 외과 의료진을 중심으로 하여 그들의 환자, 주변 인물들의 이야기를 그리는 메디컬·휴먼 장르의 미국 드라마입니다. 2017년부터 2022년까지 총 여섯 시즌을 방영했으며 2023년 4월 시즌 7의 제작이 결정되었습니다. 각 화의 소제목과 대사 인용은 넷플릭스의 번역을 따랐습니다.
7. 〈The Good Doctor〉, 시즌 1 제6화 「가짜가 아닙니다」.
8. 앞의 드라마, 시즌 2 제4화 「거친 박새」.
9. 앞의 드라마, 시즌 3 제9화 「미완성」.
10. 코메 앤터니 에피아, 『윤리학의 배신』, 이은주 옮김, 바이북스, 2011, 50~53쪽 참조와 인용.
11. 앞의 드라마, 시즌 1 제10화 「희생」.
12. 앞의 드라마, 시즌 1 제7화 「22걸음」.

13 이 '15일의 숙려 기간'은 〈굿 닥터〉의 해당 에피소드가 방영된 2017년을 거쳐 이후까지 유지되다 2022년의 법 개정에 따라 48시간으로 단축되었습니다. 「존엄사 캘리포니아 63% 급증 … 작년 853명 … 시행 6년 내 최다」, 『코리아데일리』, 2023. 8. 16. 참조.
14 「미국 캘리포니아주 존엄사 인정」, 『경향신문』, 2015. 10. 6. 참조. 「"고통 없이 죽고 싶다" … 미국 '존엄사법' 논의 확산」, 『한겨레』, 2019. 10. 19. 참조.
15 이희훈, 「미국의 존엄사법과 영국의 조력자살법안에 대한 비교법적 고찰」, 『토지공법연구』, 제68권, 한국토지공법학회, 2015, 573~575쪽 참조.
16 앞의 기사, 『코리아데일리』.
17 콰메 앤터니 에피아, 앞의 책, 48~49쪽 참조, 71쪽 참조와 인용.
18 앞의 책, 65쪽 참조.
19 앞의 드라마, 시즌 4 제6화 「닥터 림」. 모든 환자를 구할 수 없다는 사실을 체감하고 좌절한 신입 레지던트 셔서와 코비드 국면에 환자를 잃은 트라우마에 시달리던 외과 전문의 림의 대화. 넷플릭스 제공의 한국어 번역을 옮기되 어감이 잘 전달되도록 일부 단어를 수정했습니다.
20 원제 「葬送のフリーレン」. 야마다 카네히토가 스토리를, 아베 츠카사가 작화를 담당한 일본의 판타지 만화로, 2020년 4월부터 현재까지 『주간 소년 선데이』에서 연재 중입니다. 여러 플랫폼에서 이를 원작으로 한 애니메이션의 스트리밍 서비스를 제공하고 있습니다. 장면 언급과 대사 인용은 넷플릭스 스트리밍의 애니메이션을 기준으로 하되 필요에 따라 약간 수정했습니다.
21 우노 구니이치, 『들뢰즈, 유동의 철학』, 그린비, 이정우·김동선 옮김, 2008, 36쪽 참조와 인용.
22 앞의 책, 45쪽.
23 앞의 책, 37쪽 참조.
24 〈장송의 프리렌〉, 제7화 제목 「옛날 이야기 같은 것おとぎ話のようなもの」 인용.
25 고이즈미 요시유키, 『들뢰즈의 생명 철학』, 동녘, 이정우 옮김, 2003, 22쪽 참조.

3부
통념과 의식의
조각들

1. 무엇이든 체험해야 하고 체험하면 안다는 믿음

어느 날 문득 물고기가 가져온 질문

"갑자기 죄송해요. 페이스북에서 본 것 같은데 물고기 키우고 계시죠?"

서로 연락처만 교환했을 뿐 이렇다 할 교류가 없던 지인의 전화를 받자마자 그가 다급한 목소리로 물었습니다.

"아, 네. 키우죠. 집에 어항 하나 놓으시게요? 견적 좀 봐 드릴까요?"
"아뇨. 그런 거 아닌데요. 딸이 어린이집에서 자연 체험 학습으로 물고기 몇 마리를 받아 와서요. 먹이랑 설명서 비슷한 것도 동봉되어 있기는 해요. 아휴, 얘네 죽기라도 하면 애가 울고불고 난리 날 텐데 저도 그렇고, 남편도 그렇고 물고기를 키워본 적이 없어서….

너무 당황스럽네요."

"아이고 저런, 그럼 사진 좀 찍어서 보내주시겠어요? 일단 무슨 물고기고 설명서에 뭐라 적혀 있는지를 봐야 할 것 같네요."

도착한 사진에는 투명한 포장용 커피컵 속 제브라다니오라는 이름의 열대어 세 마리와 간단한 사육 방법을 담은 설명서가 찍혀 있었습니다. 부분적으로 맞고 대체적으로 틀린 내용으로 채워진 설명서는 아이의 동심을 지켜주기에, 그러니까 제브라다니오들을 오래 살려 두기에 충분히 유용해 보이지는 않았습니다. 서둘러 설명서의 내용 가운데 중대한 오류를 포함한 항목과 꼭 지켜야 할 사항 몇 가지를 정리해 지인에게 전했습니다. 하지만 이 또한 제브라다니오들을 오래 살려 두기에 충분히 유용하지는 않을 것입니다. 문득 궁금증이 일었습니다. '나 때는 우유갑에 강낭콩이나 심는 것이 고작이었는데 요새 어린이집에서는 자연 체험 학습을 이렇게도 하나?'

인터넷 검색을 해보니 아이가 어린이집에서 물고기를, 아니면 거북이, 달팽이, 올챙이, 누에를 받아 와서 곤경에 처한 부모가 퍽 많았습니다. 어린이집이나 유치원에서 일괄로 구매한 생물을 각 원생에게 배정해 수업 시간에 이를 관찰하게 한 후 딸려 보내는 방식 외에도 토끼, 돼지, 미어캣, 카피바라, 스컹크, 사막여우, 왈라비, 반달가슴곰, 사자(!)를 데리고 교육 기관을 방문하는 이동동물원 전문 업체를 이용하는 등 여러 경로로 이른바 '자연 체험 학습'이 널리 이루어지고 있다는 사실도 덤으로 알게 되었습니다. 교육 기관과 업체에서는 체험 학습을 통해 아이들이 생태계에 대해 배우고 동물과 교감하는 능력의 향상은 물론이고 자연을 사랑하는 마음까지 함양할 것이라 말합니다. 이 지점에서 최초의 궁금증은 다음 단계의 질문으로 발전합니다. 바로 '자연을 포함한 모든 것은 체험의 대상이 될 수 있는가? 혹은 체험으로써 얻는 대상에 관한 앎이란 어떤 앎인가?'라는 질문입니다.

그저 체험으로만 끝나는 체험

체험의 사전적 정의는 "자신이 몸소 겪음 또는 그런 경험"입니다. 일상적 용례에서는 '한 차례 시도해본다.'는 함의가 강합니다. 요컨대 어떤 주제나 대상에 관한 직접적인, 그러면서도 일상적으로 반복되지는 않는 경험을 염두에 두고 쓰는 말인 것입니다. 이러한 맥락에서 자연 체험 학습의 '체험'은 해당 활동의 특성을 정확히 드러냅니다. 아이들은 지근거리의 동물을 보고 만지며 먹이를 주거나 같이 사진을 찍습니다. 그런데 동물을 상대로 한 이 직접적 행위들은 전적으로 단발적인 것에 그칩니다. 관찰한 동물을 집으로 가져오는 경우도 큰 틀에서는 마찬가지입니다. 열악한 환경과 미숙한 관리 때문에 며칠 지나지 않아 동물이 죽으면서 자동으로 체험이 종료되는 비극적 결말이 매우 흔합니다. 어떻게든 체험의 시간이 끝나면 우리는 그러한 활동을 포함하지 않았던 원래의 삶으로 돌아올 따름입니다.

　게다가 체험을 위해 조성한 상황, 그러니까 한 장소에 서식지가 제각각인 온갖 종의 동물을 모아 놓고 그 동물들이 가까이 다가오는 인간을 피하거나 공격하지 못하게끔 하는 상황은 생태계와도, 자연과도 아무런 상관이 없습니다. 이와 같은 상황을 구현하는 조건은 학습 활동의 형식적 다양성을 보장하려는 교육 기관의 수요와 업체 측의 공급을 아우르는 경제적 원리, 사람과의 접촉과 불편한 환경에 순응하게끔 동물을 무력화하는 관리와 통제의 기술, 어쩌다 한 번 있을 이색적 장면을 사진으로 포착해 간직하고자 하는 인간의 욕망입니다. 이 때문에 스스로 존재하고 작동하는 거대한 체계인 자연의 일부였던 동물은 그것이 속했던 총체성에서 분리된 후 인간의 일상 속에 어색하게 소환됩니다. 만일 여기서 우리가 체험하는 무언가가 있다면 이는 인간이 선별하고 편집한 끝에 완성한 '상상적 자연의 분위기'일 뿐 자연일 수 없습니다.

　그래서 자연 체험 학습의 또 다른 기대 효과인 동물과의 교감 역시 성취가 불가능한 목표로 남습니다. 교감은 서로가 접촉해 감정을 공유하는 것을 가리키는 개념이고, 이때 핵심은 대상을 향한 나의 의지와 나를 향한 대상의 의지가 함께 작동하는 상호성입니다. 그러나 자연 체험 학습의 상황을 지배하는 접촉에의 의지는 어디까지나 인간의 동물을 향한 의지입니다. 몇몇 종을 제외한 대개의 동물은 인간의 손길을 싫어하며 성가심이나 위협을 느낄 경우 초식 동물이라 하더라도 공격성을 보입니다.

인간과의 접촉을 위해 감내해야 할 잦은 이동과 반복적으로 엄습하는 낯선 환경, 섬세하지 못한 방식으로 이루어지는 장시간의 핸들링 등은 동물에게 신체적, 정신적 훼손을 야기하는 스트레스 요인입니다. 동물복지문제연구소 어웨어에서 발간한 『이동동물원 실태조사 보고서』에 따르면 유럽 연합, 호주, 뉴질랜드의 관련 규정은 기본적으로 "사람과 동물의 접촉을 지양"하며 불가피하게 접촉이 발생할 경우 위험성 평가를 실시하는 것은 물론이고 수의사나 숙련된 사육사급의 전문가가 적극적으로 해당 상황에 개입해야 함[1]을 강조하고 있습니다.

현실과 동떨어진 체험의 효과

역사 이래로 인류는 자연의 위협으로부터 스스로를 '해방'하기 위해 부단한 노력을 기울였고 과학 기술을 포함한 문명의 발달에 힘입어 그 목표를 거의 완수했습니다. 흥미롭게도 이 해방 덕분에 인간은 아름답고 완벽한 체계인 자연으로부터 자신이 '추방' 당했다는 감각을 함께 지니게 되었습니다.[2] 요는 우리가 이미 자연으로부터 물리적으로나 인지적으로나 퍽 멀어졌음이 사실이고 이러한 유리遊離야말로 자연에 관한 앎을 추구함에 배제하고 넘어가서는 안 될 전제이자 그 앎이 다뤄야 할 현실이라는 것입니다. 그렇다면 인간의 생활 영역에서 마주칠 일이 없는 여러 동물을 잠시 눈앞에 가져와 한데 모아 놓고 만지는 등의 체험은 둘 중 무엇에 더 크게 기여할까요? 자연과 생태, 여타의 생물군에 대한 유기적이고 적확한 지식의 구성일까요? 아니면 자신이 원하면 언제든 편리한 방식으로 대상과 접촉, 관계 맺기를 해도 되고 할 수 있다는 자기중심적 세계관의 확립일까요?

동물과 인간이 앎을 매개로 관계를 맺는 '가장 자연스러운' 방법은 그냥 서로가 각자의 자리에 있는 것입니다. 그래도 우리에게는 책과 도감, 다큐멘터리가 있으므로 동물의 생김새, 습성, 서식 환경 등을 아우르는 정보와 여러 가지 흥미로운 사실을 배우는 데 별다른 어려움을 겪지 않습니다. 그렇게 얻은 정보와 사실들을 능동적으로 종합하고 재구성하는 지적 활동을 거쳐야 비로소 대상에 관한 깊은 이해에 도달합니다. 훗날 어떤 동물의 서식지에 가까이 갈 기회가 생긴다면 그리고 아주 운이 좋아 그 동물과 마주친다면 저절로 존재하는 것으로서의 자연과 그 속의 동물을 먼발치에서 관조하며 유일무이한 시·공간과 현존성이 환기하는 경이[3]를 체험할 수도 있을 것입니다.

다음의 방법은 이론과 실천의 연결을 반복하며 지속하는 과정인 사육, 즉 인간과 생활 영역의 공유가 가능한 종을 자료를 통해 필요한 내용을 충분히 숙지한 후 해당 동물의 생태에 적합한 환경을 제공하기 위해 장기간에 걸쳐 해야만 할 일들을 꾸준히 계속하며 건강하게 잘 기르는 일입니다. 급하게 정리해 전달한 물고기 사육의 내용 역시 지인의 제브라다니오들을 오랜 기간

살려 두기에는 충분히 유용하지 않을 것이라 짐작한 까닭이 여기에 있습니다. 고작 물고기 몇 마리를 무사히 곁에 두는 일조차 상당한 수준의 사전 지식과 몸에 밴 부지런함을 요구합니다.[4]

    자연 체험 학습을 글감으로 삼다 보니 불가피하게 거론은 했습니다만 이것은 동물 복지나 동물권에 관한 이야기도, 아동 교육에 관한 이야기도 아닙니다. 이는 대상을 체험함으로써 얻는 앎이라는 것이 그 자체만으로는 얼마나 분명한 한계를 지니는지에 대한 이야기이며 그러므로 '체험해야 한다. 혹은 체험하면 안다.'는 통념이 지식에 대한 단선적 이해만을 강화한다는 이야기입니다. 복잡다단하며 연속적인 현실의 특성과 동떨어진 채 성립하는 체험은 지식의 구성에 반드시 따라야 할 앎들의 반성적 조직과 재구성을 포함하는 경험과 구별되는 과정입니다. 덧붙여 지금까지 언급한 이유와 조건에 힘입어 참여자의 온갖 행위가 실패할 여지를 차단한 채 이루어진다는 것이 체험 학습이 제공하는 체험의 가장 큰 한계입니다. 따라서 오늘날 만연한 경향인 '체험주의'는 '경험주의'와 완전히 다릅니다. 지식을 향한 우리의 욕망과 이런저런 앎들에 접근할 수 있는 경로가 확대된 만큼 각 앎의 특성을 구분해 파악하고 비판적으로 평가하는 작업이 중요한 과제로 남습니다.

체험에서 배움과 경험의 축적으로

"물고기 중에 한 마리는 며칠 비실비실하더니 그저께 죽었어요. 두 마리는 잘 살고 있고요. 그런데 보다 보니까 은근히 귀여워서…. 저랑 신랑이 푹 빠져버렸지 뭐예요. 유튜브에서 어항이 클수록 좋다고 하던데 잘 기르려면 제대로 된 어항 하나 사는 게 좋겠죠?"

"네, 물 양이 많아야 수질이 안정적이거든요. 환경 변화를 최소화하는 것이 관건이니까 어항용 히터도 구입하면 더 좋겠네요."

"아아! 얘네가 열대어니까 물이 식지 않고 계속 같은 온도를 유지하게 만드는 장치군요!"

지인에게서 다시 전화가 걸려 왔습니다. 아이의 체험 활동이었던 물고기 관찰이 지인 부부의 관상어 사육 경험으로 전환하는 와중인 듯했습니다. 그들은 물고기 중 한 마리의 죽음이라는 실패를 겪은 후 더 나은 방향으로 나아가려 하고 있었습니다. 비전문가인 제게서 그때그때 정보의 파편들을 얻으니 어항 운영의 전체 원리를 파악하는 편이 나을 듯해 전설의 명저인 『관상어 관리 매뉴얼』의 인터넷 서점 링크를 전송해주었습니다. 이제 관상어와 그것이 요구하는 복합적 환경에 관한 지인 부부의 이해는 더욱 깊어질 것이며 관리를 반복함에 따라 그 숙련도 또한 상승하리라 봅니다.[5] 물론 나머지 두 마리 물고기가 건강하게 오래 살 확률도 높아질 것입니다.

2. '사실상 한국인'은 대체 어느 나라 사람?

어느 나라 사람인지에 대한 관심

〈오사카에 사는 사람들 TV〉라는 유튜브 채널이 있습니다. 일본 오사카 소재의 한 부동산 업체에서 운영하는 채널[6]로, 회사가 보유한 매물 정보와 함께 오사카의 여행지와 맛집에 관한 영상을 업로드합니다. 주요 출연자인 '마츠다 부장'을 향한 사람들의 관심도 대단합니다. 그는 번듯한 외모와 깔끔한 차림새, 세련된 태도 덕분에 '미중년의 표본'이라는 평을 듣는 한편 어지간한 한국인보다 더 다양한 어휘와 정연한 문장을 완벽한 서울 억양으로 구사하는 인물입니다. 그래서 "마츠다 부장님은 어떻게 그렇게 한국어를 잘하시나요? 혹시 재일 교포 출신이신가요?"라는 식의 질문을 하는 시청자가 꽤 많았습니다. "억양까지 완벽한 걸 보면 분명 한일 혼혈일 것 같아요."와 같은 추측을 하는 이들도 있었습니다. 마츠다 부장은 '구독자 10만 명 달성 감사 영상'을 통해 자신의 일본 여권을 인증하면서 부친이 일본인, 모친은 한국인이며 초, 중, 고등학교 시절을 한국에서 보냈다는 가정사를 공개했습니다.

새로 유입되는 시청자는 늘 있기에 이후로도 종종 마츠다 부장이 어느 나라 사람인지를 묻는 댓글이 달렸습니다. 이에 친절한 기존 시청자들은 구독자 10만 명 달성 감사 영상의 내용을 요약해 답변을 달았습니다. 그런데 이렇게 이야기하는 사람들이 있습니다. "일단 일본 국적이시기는 한데요. 부모님 중 한 분이 한국인이고 한국에서 오래 사셨으니까 마츠다 부장님은 사실상 한국인이세요." 흥미로운 표현입니다. '사실상 한국인', 대체 어느 나라 사람인 것일까요?

국적과는 다른 의미의 '사실상 한국인'

'지구촌 시대'를 살고 있다 한들 누군가가 어느 나라 사람인지는 우리에게 여전히 중요한 문제인 듯합니다. 국적이야말로 개인이 소속된 국가를 규정하는 공식적이고도 법률적인 개념이며 개인과 국민 국가의 관계 그리고 각 국민 국가 사이의 관계에 있어 실질적으로 성립하는 의무와 권리, 자격의 문제에 관여합니다. 예를 들어 제가 외국 여행 중 무장 단체에 납치되거나 범죄자에게 속아 밀수품을 운반하다 해당 국가의 경찰에 체포 당하는 등의 일이 생기면 한국 국적자로서 한국 영사관에 연락해 재외 국민 보호에 관한 조치를 요청할 수 있습니다. 마찬가지로 마쓰다 부장이 한국이나 다른 나라를 방문했다 사건과 사고에 휘말린다면 일본 국적자로서 일본 영사관의 도움을 받습니다.

하지만 첫머리의 사례가 보여주듯 사실상 한국인이라는 관념은 국적을 넘어서는 동시에 그보다 강력한 무언가로서 존재하고 작동합니다. 이 관념을 지탱하는 첫 번째 요소는 혈통으로 수렴하는 '기원에 관한 관심'입니다. 국적은 경우에 따라 취득이나 포기가 가능한 자격인 반면에 혈통은 선택하거나 바꿀 수 없기 때문에 후자가 한 사람의 정체성에 있어 온전히 본질적 가치를 지닌다고 간주되는 경향이 있습니다. 요컨대 '한국계 OO인'이라는 개념에서 'OO인'보다 '한국계'가 결정적 부분이라 보고 이를 전제로 한국계 OO인은 사실상 한국인이라 정의하는 것입니다. 실제로 의미가 결정되는 지점은 'OO인'이고 '한국계'라는 말은 'OO인'을 수식해 그 의미를 보충할 따름이지만 말입니다. 이러한 경향은 혈연에 의한 친족 관계와 문화적 동일성을 중심으로 민족 공동체의 범주를 설정하는 종족적 민족주의ethnic nationalism와도 밀접한 관련을 지닙니다.

두 번째 요소는 자기 자신과 긍정적 속성을 지닌 대상 사이의 '추상적 동질성'을 상정하는 데서 비롯하는 만족감입니다. 첫 번째 요소인 기원에 대한 관심이 이와 같은 만족감의 성립을 가능하게 하는 조건이 됩니다. 2006년, 미식 축구 NFL의 결승전이자 미국 최고의 스포츠 이벤트인 슈퍼볼 제40회에서 한국계 미국인 하인스 워드가 최초의 아시아계 MVP 선수로 선정됐습니다. 국내 언론들은 일제히 그의 출생지가 한국이고 어머니가 한국인이라는 점을 강조하며 이 소식을 대서특필했습니다. 하인스 워드를 "검은 한국인"이라 지칭하는 것으로 시작해 "미국인들은 워드에게서 한국인의 정신을 보고 있다."[7]고 마무리한다든가 "순혈 한국인보다도 더 한국의 전통적인 가치를 사생활과 그라운드에서 실천하는 워드"[8]라는 등의 평가를 내리는 기사들이 쏟아져 나왔습니다. 보도를 접한 한국의 대중 역시 그에게 열광했습니다. 세계 최고의 스포츠 강국인 미국에서 혼혈인인 자신을 향한 미국 사회의 따가운 시선에 좌절하지 않고 한국 혈통이라는 자부심을 간직한 채 미국인들과 경쟁해 최우수 선수의 자리를 쟁취한 '자랑스러운 (사실상) 한국인'으로 하인스 워드가 회자됐습니다.

이후로도 이른바 '글로벌한' 성과를 올린 한국계 외국인들은 그 혈통 덕분에 한국 언론과 대중의 주목을 받았습니다. 최근 사례로는 2022년 7월 필즈상을 수상한 한국계 미국인 수학자 준 허(한국명 허준이)를 들 수 있습니다. 관련 소식을 보도한 몇몇 언론사는 홍미롭게도 준 허를 소개하며 "사실상 한국인"이라는 표현을 명시했습니다. 그가 "한국에서 초등학교부터 중, 고, 대학교를 거쳐 대학원까지 나"[9]왔기 때문이라는 것입니다. 그러나 준 허는 18세에 한국과 미국의 이중 국적 가운데 전자를 포기함으로써 미국 국적자, 즉 미국인이 되었습니다. 이는 여러 고민 끝에 그가 스스로 결정한 국민 정체성national identity이자 삶의 방식이며 존중받아야 할 선택입니다.

준 허의 필즈상 수상은 '한국 혹은 한국인다움'이 발현된 결과가 아닙니다. 한 개인이 어느 순간 수학에 깊이 빠져 수학적 진리를 탐색하기로 결단하고, 그 결단을 밀어붙이는 삶을 살았으므로 가능한 일이었을 뿐입니다. 이러한 유형의 주체성은 성립과 지속에 있어 혈통이나 국적의 영향을 받지 않습니다. 어떤 민족이든 어느 나라 사람이든 진리의 탐색에 헌신하기로 마음먹고 이를 실행할 수 있습니다. 물론 아무나 할 수 없는 일이기도 합니다. 게다가 기초 학문들이 두루 위태로운 입지에 놓여 있는 오늘날 한국 대학-학계의 상황을 생각하면 준 허의 성취를 두고 "한국 수학계의 쾌거"라든가 "한국 수학계의 위상을 더욱 높"[10]인 사건이라는 평가를 내리는 것이 과연 합당한 일인지도 의문입니다.

준 허가 멋지고 대단하다면 그 이유는 앞서 언급한 형태의 주체성을 통해 그가 대수기하학 분야에 헌신함으로써 자신은 물론이고 인류 보편의 지적 진보에 기여해서 아닐까요? 그것으로 충분하고 또 그것만이 전부이지 않을까요?

사실상 한국인 그리고 진정한 한국인이라는 범주들

동아시아연구원EAI, 성균관대학교 동아시아공존협력연구센터EACC, 중앙일보가 공동으로 실시한 '2020년 한국인의 정체성 조사'[11]에 의하면 전체 응답자 1,003명 중 91.8%가 한국어 사용을, 89.7%가 한국 출생을, 89.4%가 한국의 전통과 관습의 준수를, 81.8%가 한국 혈통을, 80.8%가 생애의 대부분을 한국에서 거주했는지의 여부를 진정한 한국인의 조건으로 꼽았습니다. 이렇게 놓고 보자면 귀화한 외국계 한국인도, 주 양육자(현재 대부분의 경우 어머니)가 한국어 사용자가 아니라서 한국어가 미숙한 국제결혼 가정의 어린이도 한국 국적을 가질지언정 진정한 한국인일 수 없는 셈입니다.

같은 조사에서 결혼 이민자와 국제결혼 가정의 자녀를 한국의 국민으로 인식하는 비율은 각각 응답자의 8.1%와 17.1%에 그쳤습니다. 그래서일까요? 명절이면 '다문화 며느리'들은 한복 차림으로 전을 부치거나 민속놀이를 하고, 주변에서는 "이제 한국 사람 다 됐네!"라는 칭찬을 건네는 장면을 담은 TV 프로그램들이 어김없이 방송됩니다. 이 역시 그들이 한국 사회의 일원으로서 공동체의 유지와 재생산에 기여하는데도 진정한 한국인으로 인정 받으려면 '다수가 원하는 특정한 방식대로 한국적'일 수 있음을 끝없이 증명해야 한다는 사실을 방증합니다.

아직 우리의 신념 체계 속 한국인 개념은 '사실상 한국인'과 '진정한 한국인'의 양자 사이에서 경우와 필요에 따라 우왕좌왕하고 있습니다. 마츠다 부장, 하인스 워드, 준 허처럼 한국인이 아니지만 멋지거나 대단한 성공을 했기에 사실상 한국인이 될 수 있는 외국인이 있고, 다른 한편에는 한국 국적을 가진 한국인이 맞지만 몇몇 요소가 다수의 한국인과 달라 진정한 한국인이 될 수 없는 한국인이 있습니다.

한국계 ○○인에게 "너는 외국인이지만 우리가 자랑스럽게 생각하니까 사실상 한국인이야."라고 이야기하는 것과 한국 국적자에게 그의 혈통이나 출생지, 외모, 전통과 관습의 준수 여부 등을 이유로 "너는 아무리 그래도 우리가 볼 때는 진정한 한국인이 아니야."라고 말하는 것으로 한국인을 정의하는 이 두 가지 방식 모두는 한 사람이 선택하고 법률이 그 자격을 공인한 누군가의 국민 정체성을 타인이 자의적 기준에 따라 실제와 무관하게 부정한다는 점에서 비합리적인 데다 편견을 강화하고 차별로 이어질 여지가 크다는 점에서 폭력적이기까지 합니다.

추상적 동질성에서 실질적 공통점과 차이점을 향해

경제적 지구화, 문화적 세계화와 함께 사람들의 국가 간 이동이 자유로워지면서 한 국가의 국민의 구성도 다양화하고 있습니다. 이는 몹시 자연스러운 일이며 우리가 인정하지 않거나 거부할 수도, 그렇게 할 필요도 없는 현실입니다. 그렇다면 기존의 신념 체계를 반성적으로 성찰하는 편이 좋을 것입니다 혈통이 대표하는 기원과 같은 과거 시점의 사안보다는 현재 각자가 수행하는 사회적 기능과 그에 기반을 둔 역할에, 더 나아가 추상적 동질성의 관계보다는 이웃으로 함께 엮여 살아가는 구성원들의 실질적 공통점과 차이점의 관계에 집중하는 것이 어떨까요? '한민족의 혈통적 단일성'이라는 기치 또한 일종의 '신화'인데 그렇게 하지 못할 까닭이 없습니다.

3. 연애 잘하는 비법 알려 드립니다: 픽업 아트 읽기

연애를 돈 내고 배운다고?

유튜브 쇼츠 목록을 내리다 문득 연애를 가르쳐준다는 내용의 영상이 자주 나온다는 사실을 깨달았습니다. 무슨 수로 연애를 가르치고 배운다는 것인지 궁금했습니다. '연애 잘하는 방법', '연애 코치', '연애 컨설팅'으로 검색을 해보았습니다. 수많은 채널이 이 주제를 다루고 있었습니다. 하나같이 "하루 3분", "모든 해답과 방법", "성공률 95%의 연애 상담" 등 자신만만한 부제를 달아놓았습니다. 언젠가 본 적이 있는 모습입니다. 한참 기억을 더듬은 끝에 떠올렸습니다. 픽업 아티스트. 2010년대 초·중반에는 연애 고수이자 '작업'의 달인을 자임하는 픽업 아티스트들이 비슷한 일을 했는데 학원을 차려 수강생을 모집한 후 교육을 진행하는 식이었습니다. 수강료는 통상적 강연 형태의 교육이 회당 평균 25만 원, 개인별 교육은 300만 원 안팎이었습니다.

픽업 아티스트를 향한 사회의 시선은 부정적이었습니다. 말이 좋아 '픽업'이고 '아티스트'지 그냥 섹스가 하고 싶어서 안달난 녀석들 정도로 생각하는 사람이 많았습니다. 그러나 학원에 등록한 수강생은 대부분 연애를 원했습니다. 그들이 원하는 연애에 섹스도 포함되기는 하겠지만 그게 전부는 아니었던 것입니다. 33년 '모태 솔로' 인생을 탈출하고 싶어서, 짝사랑하는 이성에게 자연스럽게 말을 걸고 싶어서, 대학생이 되었으니 여자 친구를 사귀고 싶어서…. 순수하다면 순수하고 소박하다면 소박한, 그러면서도 간절하기 이를 데 없는 소망들이 픽업 아티스트의 사업을 지탱했습니다. 이성과의 교류에 어려움을 느끼지 않는 사람이 픽업 아티스트를 찾을 리는 없으니 당연한 일입니다.

그래서 픽업 아티스트를 긍정하는 견해도 있습니다. "한창 나이가 지나도록 모태 솔로라는 지위를 벗어나지 못하는 이들을 위해 이성의 마음을 얻어 낼 스킬을 전수해주는 픽업 아티스트의 필요성은 여전히 존재한다."[12]거나 "멘토를 찾아 고민을 나누고 해결을 위해 노력한다는 점에서 바람직한 면이 있다."[13]는 취지입니다. 저는 동의하지 않습니다. 픽업 아티스트가 제시하는 이른바 '연애 비법'에는 실질적 쓸모도, 의미도 없습니다. 무용하고 무의미한 것에 그치면 다행이지 오히려 해롭습니다. 연애를 원하는 사람과 연애, 양쪽 모두에게 그렇습니다.

연애의 제1 원칙이 지배라고?

픽업 아티스트의 교육 과정은 대개 스타일 코칭, 이론 수업, 실습의 세 가지 항목으로 이루어져 있습니다. 스타일 코칭은 말 그대로 헤어 스타일과 패션 연출법을 알려주는 것이므로 특기할 만한 내용은 없습니다. 이론 수업에서는 이성을 상대할 때의 기본적 자세를 설정하는 법, 이성의 마음을 읽기 위해 알아야 할 언어적 또는 비언어적 신호의 종류와 그 의미, 이성에게 호감을 줄 수 있는 대화의 기술을 다룹니다. 픽업 아티스트들이 공통적으로 강조하는 이성을 대할 때의 기본적 자세란 어떤 경우에도 당황하지 않고 상황을 지배하는 것입니다. 경력 15년 차 연애 전문가를 자처하는 한 픽업 아티스트는 연애를 잘하고 싶으면 '선수'가 되라며 다음과 같이 이야기합니다.

> "선수는 지배력이 있습니다. 도미넌스라고 하죠. (…) 선수들은 그 어떤 것도 자신을 두렵게 하는 게 없기 때문에 이성을 향해 접근할 때에도 그닥 망설임을 보이지 않습니다. 설령 거절을 당한다고 하더라도 성공으로 가는 과정 중에 하나라고 생각하지 결코 자신의 그 자존감에 스크래치를 주면서 자신의 페이스를 흐트러트리지 않습니다. (…) 세뇌남[14]이 매너남의 가면을 쓰고 그냥 아등바등, 그냥 서툰 연기를 할 때 어때요? 선수들은? 항상 이별을 염두에 둡니다. 그러면서 여자를 만나요. 왜? 선수는 여자에 얽매이는 법이 없거든요."[15]

일단 사람이 살아가면서 상황을 통제하는 지배의 역량을 발휘하는 것이 중요하다는 데는 동의합니다. 필요한 순간들이 있습니다. 예기하지 못한 변수가 생겨 진행하는 기획이 위태롭다거나 협상의 자리에서 특정한 결론을 도출해야 하는 등의 순간 혹은 스스로가 정한 삶의 규율을 잘 지키기 위한 노력이 절실한 순간 등이 그러한 경우입니다. 하지만 때로는 자신이 통제할 수 없는, 더 정확히는 통제해서는 안 되는 영역이 있다는 진실을 받아들이는 자세가 훨씬 더 긴요합니다. 타인의 감정 역시 그러한 영역에 속합니다. 이를 인정하고 실천할 때 우리는 타인을 존중한다고 말할 수 있습니다. 이 유일하게 확실한 진실을 수용하는 것이 곧 타인과 관계를 맺는 '방법 아닌 방법'이며 연애만이 아니라 인간관계 전반에 적용해야 할 대원칙입니다.

픽업 아티스트들도 상대방에 대한 존중을 언급하기는 합니다. 그들은 픽업 아트가 추구하는 연애의 "윤리와 가치"를 설명하면서 "실력, 균형"과 더불어 "존중"을 이야기합니다. 한데 여기서 존중은 결국 "성공적 close 확률"[16]을 높이기 위한 전략으로 수렴합니다. close란 이성에게서 무언가를 얻어 내는 일을 총칭하는 용어로, N-close는 전화번호의 획득, K-close는 키스의 획득, F-close는 섹스의 획득이며 최종 단계인 H-close는 마음 전부를 얻는 완전한 정복을 뜻합니다. 존중의 전략을 미리미리 사용하면 F-close 단계에서의 "LMR[Last Minute Resistance]", 즉 이성이 섹스 직전에 '쉬운 상대로 보이지 않기 위해 취하는 마지막 저항'을 약화시키는 데 유용하다는 식입니다. 존중의 반대인 무시의 전략도 활용합니다. 그중 하나가 "의도적 무시freeze out"입니다. 이는 여자가 "나쁜 행동을 하지 않도록 훈련"시킬 목적으로 일부러 무심한 반응을 보여주는 기법입니다.[17]

선수 대 착한 남자: 연애는 파워 게임이다?

동일한 맥락에서 주목할 만한 것은 '선수 대 착한 남자'라는 대립의 구도입니다. 픽업 아트의 논리를 간단히 정리하자면 이렇습니다. ① 당신이 연애하지 못하는 이유는 여자에게 인기가 없기 때문이다. ② 당신이 여자에게 인기가 없는 이유는 자신감이 없기 때문이다. ③ 당신에게 자신감이 없는 이유는 매너를 지키고 상대를 배려해야 한다는 생각에 따라 행동하는 착한 남자이기 때문이다. ①은 맞는 말일 수도 있습니다. 강력한 의지가 있고 시도를 해봤는데도 연애를 못한다면 그게 뭐든 이유는 있을 것입니다. ②는 맞을 수도 있는 말입니다. 인기가 있다는 것은 곧 사람을 끄는 매력이 있다는 의미고 자신감은 매력을 구성하는 요소 중 하나로 꼽힙니다. 그런데 ③은 이상합니다. 픽업 아트는 자신감 있는 남자와 착한 남자가 하나의 자아 안에서 양립할 수는 없음을 전제로 ③을 단언합니다.

현실은 그렇지 않음에도 픽업 아티스트는 두 특성을 상호 배타적 관계에 있는 것으로 규정합니다. 이 상상적 대립의 구도는 픽업 아트에 맞게끔 연애를 다시 개념화한 결과물 중 하나입니다. 픽업 아트와 이를 활용한 사업이 성립하려면 우선 가르치고 익힐 수 있는 무언가의 차원에서 연애를 해명해야 합니다. 연애의 확고한 진실들, 그러니까 상대의 감정은 온전히 그에게 속하며 관계는 어느 한쪽이 아닌 둘의 '사이'에서 구성된다는 점, 감정의 온갖 계기는 그저 사건과 같이 도래한다는 점, 관계란 본디 연약하기에 지속적 충실함을 요구한다는 점 등을 모두 인정한다면 연애는 픽업 아트가 아닌 철학의 대상임이 분명해집니다. 그래서 픽업 아트는 비록 다루기 어렵지만 성찰해야 할 연애의 진실들을 논외에 부친 후 연애를 지배력의 획득 경쟁인 '파워 게임'으로 축소합니다.

픽업 아트는 자신이 투여한 자원과 역량이 있다면 그에 상응하는 보상을 반드시 즉각적으로 손에 넣어야 마땅하며 이로써 관계상 우위를 확보할 수 있다는 믿음 위에서 작동합니다. 유효한 대사나 지문을 입력하는 행위에 대한 보상으로 호감도 상승과 이벤트 발생, 더 나아가 원하는 형태의 엔딩을 제공하는 '연애 시뮬레이션 게임'의 그것과 흡사한 세계관입니다. 물론 연애의 어떤 국면들은 서로가 투여한 바를 셈하고 비교하는 경향과 우위와 열위의 구도를 포함합니다. 그러나 손가락은 손이되 손이 손가락은 아니듯 연애의 몇몇 잠정적이고도 구체적인 국면이 곧 총체적 절차로서의 연애인 것은 아닙니다.

무엇보다 연애에서 열위에 서는 사람은 착한 남자가 아니라 조금이라도 '상대를 더 좋아하는 사람'입니다. 그 어떤 관계에서도 두 사람의 감정의 크기가 완전히 동일할 수는 없습니다. 필연적으로 누군가는 우위에, 다른 누군가는 열위에 서게 됩니다. 그러므로 두 사람이 함께 참여하는 절차로서의 연애가 지향해야 할 목표는 파워 게임의 질서에 따라 이기는 자로 남는 것이 아닙니다. 신뢰와 지지, 사랑을 통해 그 게임을 넘어서는 것입니다. 픽업 아트의 세계관에서는 상상하기 어려운 전개입니다만 두 사람이 신뢰와 지지, 사랑만을 믿고 이를 연애의 절대적 지침으로 수용한다면 온갖 자질구레한 대중심리학의 기술을 동원한 주도권 싸움은 관계 속에서 설 자리를 잃습니다. 실제로 무의미하기에 그렇습니다.

픽업 아트가 과학적, 이론적이라고?

픽업 아티스트들은 픽업 아트가 과학적이고도 체계적인 이론에 기반을 둔 기술이며 그 실용성을 검증할 수 있다고 주장합니다. "상대를 존중하세요. 그리고 먼저 좋은 사람이 되세요."처럼 뜬구름 잡는 소리가 아닌 객관성을 담보하는 동시에 학습이 가능한 데다 실전에서의 성공까지 보장하는 기술이라니 연애가 간절한 사람들은 혹할 법한 이야기입니다. 이쯤에서 픽업 아트가 활용하는 이론의 과학적 성격과 체계가 정확히 어떤 것인지, 픽업 아티스트들이 역설하는 적용과 검증의 가능성을 어떻게 평가해야 할지의 여부를 짚고 넘어갈 필요가 있습니다.

앞서 살펴봤듯 픽업 아트는 연애를 지배력의 획득 경쟁으로 축소하는 가운데 연애를 잘한다 함은 곧 이 파워 게임에서 우위를 점하는 것이라 말합니다. 픽업 아트는 진화심리학의 몇 가지 아이디어와 인지·행동심리학에서 차용한 파편적 내용들을 근간에 둡니다. 여기에 암시, 트랜스, 인덕션 등 최면 치료의 기법을 더해 전문적 인상을 가미합니다. 그 다음 "의지를 가지고 노력하면 너도 할 수 있다."는 통속적 자기 계발 담론의 형식을 입히면 픽업 아트의 '이론'이 완성됩니다. 모든 픽업 아티스트는 자신의 픽업 아트가 다른 픽업 아티스트의 그것과 다르다고 하지만 그렇게 말하는 픽업 아티스트의 이론 전부를 나란히 놓고 보아도 이렇다 할 차이를 발견할 수는 없습니다. 서로가 서로를 맹목적으로 참조하고 답습한 결과입니다.

1980년대 미국의 한 커뮤니티에 몇몇 남성이 여성을 유혹한 경험담을 공유한 것에서 출발하여 이후 로스 제프리스와 그의 제자 디안젤로 그리고 미스터리(Erik von Markovik의 예명)를 거쳐 하나의 통설로 자리 잡은 것이 픽업 아트[18]입니다. 이 셋은 현재까지도 전 세계 픽업 아티스트들에게 '구루' 혹은 '마스터'로 통합니다. 물론 그중 학계가 인정한 심리학 전문가는 없습니다. 픽업 아티스트로 나서기 이전 제프리스는 최면술을 배운 희극 작가 겸 스탠드업 코미디언[19]으로 활동했고, 미스터리는 마술사였습니다.

특히 미스터리는 진화심리학적 해석을 도입함으로써 픽업 아트 이론의 새 지평을 열었다는 평가를 픽업 아티스트들에게서 받습니다. 요약하자면 '높은 가치를 지닌 우두머리 수컷인 알파 메일male은 암컷에게 환심을 사려 노력할 필요가 없으므로 티 나게 구애하는 식의 행동은 당신이 알파 메일이 아니라는 방증과 다를 바 없다. 따라서 상대가 당신의 상황과 의도를 눈치채지 못하도록 간접적 접근 전략을 사용해 스스로를 알파 메일처럼 보이도록 훈련하고, 이를 반복해 익힘으로써 종국에는 진짜 알파 메일이 되어야 한다.'[20]는 것이 미스터리의 픽업 아트 이론의 요지입니다.

여기서 본격적 학문으로서의 진화심리학의 타당성을 따지는 일은 큰 의미가 없습니다. 픽업 아트가 차용한 진화심리학적 주제들은 본래의 맥락이 상당 부분 탈각된 상태이기에 그렇습니다. 특히 '승자로서 온갖 자원을 독점하는 알파 메일'이라는 개념은 1940년대 초기 동물행동학의 늑대 무리 연구를 통해 고안된 것으로, 이후 학계에서는 그 정의와 적용 대상, 상황의 적절성에 관해 수차례의 비판적 갱신이 이루어졌습니다. 하지만 픽업 아트는 이러한 개념과 해석의 갱신 과정을 추적하거나 그 결과를 반영하지 않았고, 그리하여 여전히 그 개념이 처음 제기되었을 때의 함의로 알파 메일이라는 용어를 사용하고 있습니다.

최근 영장류 사회를 설명하면서 알파 메일을 언급해 해당 개념이 대중적으로 다시 유행하는 데 큰 몫을 한 동물행동학자

프란스 드 발은 몇몇 사회적 동물의 무리 안에서 관찰되는 알파 메일의 존재와 서열 체계 등의 특성을 곧장 인간 사회와 사회 구성원 사이의 관계의 문제에 대입해 생각하는 흐름에 대한 우려를 표했습니다. 그러한 우려의 연장선에서 그는 실제 영장류 무리 속의 알파 메일이 수행하는 핵심적 역할은 자원과 암컷의 독점이 아니라 약한 개체를 보호함으로써 통합된 공동체의 평화를 유지하는 일이라는 사실을 재차 강조[21]한 바 있습니다.

픽업 아트가 검증이 가능하다고?

어쨌든 픽업 아티스트들은 진화심리학이 아닌 선별한 진화심리학의 분위기를 동원해 이에 의지하는 가운데 실험적 방법과 성공 사례를 통해 픽업 아트의 실효성을 검증할 수 있다고 주장합니다.

> "필자를 비롯한 많은 수의 픽업 아티스트들은 스스로를 실험 진화심리학자로 규정한다. 진화심리학이 '이런 여성은 이런 남성에게 끌릴 수밖에 없을 것이다.'라는 가정을 세우고, 우리가 그대로 행동했을 때 기대된 결과를 얻는다면 진화심리학은 옳은 것이 아닌가? 우리는 수많은 경험들이 축적된 커뮤니티를 통해서 진화심리학을 '실험적 방법'으로 증명해왔다."[22]

검증을 위해 이들은 픽업 아트 커뮤니티에 '필드 리포트'를 공유합니다. 필드 리포트란 쉽게 말해 여성을 상대로 픽업 아트를 사용한 경험을 적은 글입니다. "그게 상상해서 쓴 소설인지, 실제 있었던 일인지의 여부를 알 수 없잖아요?" 네, 맞습니다. 이와 같은 반론을 예상했는지 필드 리포트는 '인증'이라는 형식적 요건을 요구합니다. 이를테면 여성과 나눈 문자 메시지의 캡쳐 따위를 필드 리포트에 넣는 것이 일종의 관례입니다. 픽업 아트로 '원 나잇'에 성공했다는 내용의 필드 리포트에는 여성이 샤워하거나 침대에 누워 있는 모습, 벗어 놓은 속옷 사진 등을 첨부하기도 합니다. 모자이크 처리가 된 사진도 있고, 그렇지 않은 사진도 있습니다. 엄밀히 따져보면 이조차도 인증으로서의 효력은 가지지 못합니다. 도용한 사진일지도 모를 일입니다. 그렇다면 기만입니다. 만일 픽업 아티스트가 자신의 양심을 걸고 인증의 진실성을 맹세한다면 필드 리포트는 범죄의 증거가 됩니다.

필드 리포트의 모든 내용이 진실이라 가정하더라도 이를 '과학적 실험'의 산물이자 믿을 만한 '통계'로 간주하기는 어렵습니다. 일단 필드 리포트는 표본과 변인에 관한 설명을 제공하지 않습니다. 예를 들어 한 픽업 아티스트가 10개의 필드 리포트, 그러니까 성공담을 올렸을 때 그 이면에 1,000번의 시도가 있었는지, 500번의 시도가 있었는지, 아니면 10번의 시도가 있었는지에 따라 결과값의 의미는 크게 달라집니다. 게다가 거의 모든 필드 리포트는 나이트, 클럽, 헌팅 포차, 감성 주점 등을 배경으로 합니다. 이성과의 부담 없는 만남에 관해 개방적 자세를 가진 사람들이 모이고 픽업 아트 특유의 게임의 질서가 통할 가능성이 비교적 높은 독특한 장소들입니다. 이처럼 필드 리포트의 결과에는 여러 특수성이 영향을 미치고 있습니다. 그럼에도 픽업 아티스트들은 픽업 아트가 과학적이며 보편적인 연애 지식이라 주장하는 것입니다.

과학적 실험이 갖춰야 할 요건 중 하나는 그것이 타인에 의해 재연될 수 있어야 한다는 것입니다. 그래야 설계와 결과의 타당성을 검증할 수 있습니다. 픽업 아트 커뮤니티 내에서 픽업 아티스트의 필드 리포트가 지니는 신뢰성은 아이러니하게도 그들의 수행을 재연하는 것이 완벽하게 불가능하다는 사실, 즉 픽업 아트가 객관적이고 과학적인 이론과 아주 많이 동떨어진 무언가라는 점에서 비롯합니다.

픽업 아티스트처럼 되고 싶다고?

픽업 아티스트들의 주장과 달리 픽업 아트는 과학적인 것과도, 이론적인 것과도, 검증이 가능한 것과도 거리가 멉니다. 따라서 픽업 아트의 신뢰성을 주장하기 위한 '궁극의 수사^{rhetoric}'로써 픽업 아티스트의 자기 고백이 동원되는 것은 필연적 결과입니다.

"전형적 A형 남자이고 남자에게는 사교성이 좋았지만 여자에게는 늘 인기 없고 차이기만 했다. 그러나 실전에서 수많은 노력과 경험 끝에 (…) 유혹의 기술을 터득하고 픽업 아티스트가 되었다."

"20세에 처음 여자를 접하고 '초엘프'에게 심각한 마음의 상처를 받은 뒤 우연한 기회로 픽업의 전설 '켄지' 스승님에게 픽업을 전수받고 새로운 스타일의 픽업을 연구하게 됩니다."[23]

모든 픽업 아티스트가 위와 같은 서사를 하나씩은 가지고 있습니다. 요약하자면 ① 원래 자신도 외모와 말재주, 사교성이 부족해 인기가 없었다. ② 좋아하던 상대에게 거절 당하는 등 상처 입은 것을 계기로 각성하고 변화를 결심했다. ③ 그 후 픽업 아트를 익혀 유혹의 달인이 되었다. ④ 과거의 자신과도 같은 모태 솔로들을 구원하고자 픽업 아트라는 비법을 공유한다. 이런 이야기입니다.

뼈대는 어디에나 있는, 진부한 개인의 성공담입니다. '나도 한때는 평범하고 보잘것없는 사람이었다. 하지만 어떤 계기가 있어 개심한 후 스스로를 바꾸기 위해 노력했고 그렇게 성장한 결과 큰 성공을 거뒀다. 이제 선한 의지에 입각해 성공의 비결을 나누고 싶다. 당신도 나처럼 될 수 있다.'라는 식의 개인적 성공담을 강조하는 것은 내용의 구체적 검증이 불가능한 데다 불필요하기 때문에 도리어 듣는 이의 강한 믿음을 이끌어 낼 수 있는 전략입니다. 본인이 증인이고 자신의 존재가 곧 증거라는데 무슨 말이 더 필요하겠습니까. 동일한 전략을 사용하는 자기 계발과 동기 부여 강의의 '멘토'나 '코치'의 경우와 마찬가지로 픽업 아트를 판촉하는 픽업 아티스트는 스스로의 구체적 인격을 선망의 대상이자 모방해야 할 전범으로 옹립합니다.

    수강생의 목표는 픽업 아티스트의 과거였던 자신의 현재를 벗어난 다음 (근)미래를 픽업 아티스트의 현재와 같게 만드는 것이 됩니다. 그 구체적 방식은 역시 자기 계발입니다. 이성에게 인기가 많은 "내츄럴" 혹은 "알파"를 모방함으로써 자신만의 "이너 게임"을 확립해야 한다는 픽업 아트의 기치는 비참하고 불행한 자아로부터 욕망을 마음껏 충족하기에 행복한 자아로 이행하라는 명령과 같습니다. 픽업 아티스트의 성공담에서는 거절 당한 경험이 만든 상처, 즉 자아가 손상을 입었다는 부정적 느낌이 동기를 부여하는 각성의 계기로 작용합니다. 요컨대 '절치부심', '와신상담'의 정서입니다. 그런데 내가 어떤 상대에게 호감을 느끼는 일과 그 상대가 나에게 호감을 느끼는 일 사이에는 인과 관계는커녕 상관관계조차 없습니다. 나와 타인의 연애 감정이 일치하는 것이 오히려 드물고 경이로운 경우입니다. 누군가에게 거절 당하는 경험은 모두의 삶에 으레, 그냥 있는 일입니다. 그러한 경험이 유쾌함을 선사하지는 않습니다. 그렇다고 해서 무슨 각성씩이나 따를 만한 일도 아닙니다.

픽업 아트가 건강한 관계를 지향한다고?

픽업 아티스트가 수강생에게 알려주고, 수강생이 픽업 아티스트에게서 전수 받는 '픽업 아트'는 정확히 무엇의 이름일까요? 우리는 픽업 아트가 다루는 것이 관계가 아닌 자아의 문제라는 사실을 확인했습니다. 누리지 못하던 나, 손상된 나, 각성한 나, 계발하는 나, 비로소 새롭게 거듭나 통제의 역량을 발휘하는 나, 그로써 연애를 마음껏 향유하는 나…. '나'로 가득한 픽업 아트의 세계관에서 타인은 오로지 잠재적 연애 대상이거나 그렇지 않은 대상, 관계의 여러 국면에서 주도권을 놓고 경쟁하는 상대, 큰 틀에서는 나의 자아를 강화하는 데 보탬이 되는 업적이거나 원한의 출처로서만 존재합니다. 픽업 아티스트를 전범으로 삼는 순간 수강생들은 자연스럽게 픽업 아트의 기저에 깔린 '자아 대 비자아' 또는 '유혹의 주체인 나 대 정복의 대상인 너'라는 이분법적 관점을 함께 받아들입니다.

 픽업 아트가 두 사람이 함께하는 관계의 구축이 아닌 내 자아의 욕망을 실현하는 일로 연애를 격하함에 따라 발생하는 가장 큰 비극은 관계의 규범에 관한 무지 혹은 무시를 장려하는 폐쇄적 공동체가 형성된다는 것입니다. 픽업 아트 커뮤니티에는 "이성 간의 건강한 연애를 지향"하므로 "여성을 비하하는 언사는 금지"한다는 공지와 "교육 공무원+머스탱녀+명품 싱가폴녀+압구정 디자이너녀+미시+오윤아st+고등급 외국 혼혈녀", "데이 게임으로 만난 169cm D컵의 간호사와 함께"[24] 등의 제목을 단 필드 리포트가 공존합니다. 언급한 필드 리포트들은 픽업 아트 강사가 작성한 것입니다. 따라서 이것이 일부 회원의 일탈이라 볼 여지는 없습니다. 그렇다면 두 가지 가능성을 생각해볼 수 있습니다. 하나는 픽업 아트 공동체가 실제로 필드 리포트와 같은 사례들을 건강한 연애와 동일시할 가능성입니다. 다른 하나는 전자의 공지가 형식적 겉치레에 지나지 않으며 픽업 아트가 실제로 지향하는 바는 후자일 가능성입니다. 둘 중 어떤 경우든 여기서 무언가를 배워 제대로 된 연애를 할 수 있을 것 같지는 않습니다. 그럼에도 수강생들은 기꺼이 픽업 아티스트를 '스승'으로 모십니다.

픽업 아트의 핵심은 지식과 기술이 아닌 욕망과 믿음입니다. 픽업 아티스트는 픽업 아트가 유효하다는 믿음을 줘야만 자신의 사업을 유지할 수 있습니다. 흥미로운 점은 수강생 입장에서도 픽업 아트의 세계관을 수용할 때 얻을 수 있는 편의가 존재한다는 사실입니다. 모든 관계는 난해함과 불확실성 그리고 자아의 손상 가능성을 동반한다는 진실을 이해하고 직면하는 것보다 주어진 지침만 따르면 연애를 시작할 수 있다는, 그리하여 불행은 끝나고 행복이 시작된다는 픽업 아트의 환상적 확약을 믿는 편이 더 쉽고 덜 고통스러운 선택이라는 것이 바로 그 편의입니다. 그러므로 픽업 아티스트가 수강생들을 일방적으로 기망한다고 생각하지 않습니다. 픽업 아티스트들은 픽업 아트의 진면목을 숨기기 위한 노력을 기울인 적이 없기 때문입니다. 어쩌면 부유한 구루가 되기를 꿈꾸는 픽업 아티스트와 손해 볼 위험이 없는 자아 중심적 연애를 바라는 수강생, 이 양자의 욕망이 픽업 아트를 매개로 공명共鳴한다는 해석이 더 정확할 것입니다.

픽업 아트가 아직도 있다고?

첫머리에서 언급했듯 픽업 아티스트의 전성기는 2010년대 초·중반이었습니다. 2010년대 후반을 기점으로 픽업 아트 커뮤니티 중 대다수의 운영이 사실상 중단되었으며 픽업 아티스트를 자처했던 이들도 흐지부지 사라진 듯 보입니다. 그렇다고 해서 픽업 아트가 한낱 구시대의 유물이라 할 수는 없습니다. 두 가지 측면에서 '픽업 아트의 현재성'을 확인할 수 있습니다. 첫 번째는 사업 아이템의 측면입니다. 일부 픽업 아티스트는 유튜브로 활동 무대를 옮겨 "여자들은 이런 남자에게 미치는 거예요", "여자들이 티 안 내는 호감 신호는?", "날 찬 여자 복수하는 법"[25] 같은 제목의 영상들을 올리고 있습니다. 화제성과 조회 수를 고려해 〈하트 시그널〉, 〈솔로지옥〉 등의 연애 예능 프로그램을 픽업 아티스트의 시선으로 리뷰하기도 합니다.

어떤 픽업 아티스트들은 이성을 유혹하는 전략 외에 헤어진 연인과 재회하는 법, '환승 이별'과 '어장 관리'에 대처하는 법, 전반적인 '연애 능력'을 향상하는 법 등을 함께 다루는 길을 선택했습니다. 이들은 과거의 픽업 아트를 비판하는 방식으로 스스로를 차별화하고자 노력합니다. 그러나 "연애력은 유혹력, 상대를 매혹하고 매료하여 내 뜻대로 움직이는 힘, 권력입니다. (…) 어장 관리의 역관광은 유혹입니다. 연애 권력입니다. 이별 후 재회, 결국 유혹입니다. 정당한 권력을 되찾는 것입니다. 환승도 바람도 유혹의 문제, 권력(힘)의 문제입니다."[26]라는 홍보 문구가 드러내듯 역시 기본적 관점은 픽업 아트의 그것과 똑같습니다. 규모와 화제성이 전성기에 비할 바는 아니지만 이처럼 픽업 아트는 지금도 하나의 사업으로서 존재하고 있습니다. 단지 시대의 변화에 맞춰 '연애 코치', '연애 컨설턴트' 등 픽업 아티스트를 대체할 새 직함을 만든 후 사업의 외양을 한층 대중적이고 그럴싸하게 바꿨을 따름입니다.

픽업 아트의 두 번째 현재성은 자아 중심의 안전한 연애를 향한 일반적 욕망의 층위에서 성립합니다. 내 나이가 차서 해야 하는 연애, 주말에 할 일도 없고 연락할 사람도 없는 내 삶은 무언가 잘못된 것 같으니 이를 바로잡기 위해 하려는 연애, 불행한 내 인생에 행복을 선사해주리라는 기대감 때문에 하고 싶은 연애, 내가 원하는 방식으로 운영할 수 있는 연애, 고통스러운 경험이 삭제된 연애를 원하는 추세는 픽업 아트가 그 외양을 바꿔 가며 존립할 수 있게 해주는 수요이자 연애가 사랑으로 도약할 가능성을 가로막는 장벽입니다. 이 연애의 자아 중심적 경향에 대해서는 다음 장 「'있는 그대로의 나'의 '내면을 보'고 '아무 조건 없이 사랑해줄' 사람」에서 더 자세히 이야기하도록 하겠습니다.

부록: 하지 않음의 미덕

여기서는 ① 연애 그 자체가 곧 사랑은 아니며, ② 사랑을 창조하는 절차로써의 연애 그리고 사랑과 동떨어진 무언가를 만드는 데 그치는 연애는 다르고, ③ 이 둘을 구별하는 일이 중요함을 전제로 연애와 사랑의 연결에 필요한 세 가지 조건을 살펴볼 예정입니다. 이때 조건이라 함은 어디까지나 관계에 임하는 자세를 가리키는 것으로, 얼굴과 키, 직업, 재력 등의 '조건'과는 무관한 인식과 실천 차원의 역량에 해당합니다.

여러 픽업 아트나 연애 컨설팅 커뮤니티를 관찰하면서 픽업 아티스트에게 그리하는 것만큼 그들을 믿고 따르는 수강생들에게도 많은 관심을 기울였습니다. 왜 자신이 연애를 못하는지 도통 이유를 모르겠다고 말하는 수강생들의 하소연 속에는 그 이유에 관한 단서가 이미 들어 있습니다. 픽업 아티스트들은 자꾸 무언가를 '하라' 하고 그에 따라 수강생들은 계속 이것저것을 '하려고' 들지만 진정으로 중요한 일은 하지 말아야 할 일을 '하지 않'는 것입니다. 그러려면 하지 말아야 할 일이 무엇인지에 관한 인식이 선행해야 합니다.

• 첫 번째 조건: 모든 관계를 성애의 관점으로 보지 않을 것

픽업 아트 커뮤니티의 구성원들은 공통적으로 주변의 모든 인간을 잠재적 연애 상대 혹은 연애하지 않을 상대로 분류해 인지합니다. 일차적으로 남성과 여성을 나누며 그 안에서 사귀고 싶거나 사귈 만하다고 생각되는 여성과 그렇지 않은 여성을 가

릅니다. 그런 다음 잠재적 연애 상대로 인지한 여성과의 관계에서 발생하는 모든 일에 극도로 예민하게 반응하면서 상대의 말과 행동 전부를 연애의 성사 확률을 점치기 위한 자료로 환원합니다. "옆자리 '여' 직원에게 무언가를 물어봤더니 웃으면서 알려주더라고요. 무슨 심리일까요?", "카페 '여' 알바가 제가 맨날 주문하는 메뉴를 기억하던데 번호 따도 될까요?", "오늘 소모임 '여' 회원이랑 자주 눈이 마주쳤습니다. 여자들은 이런 식으로 남자가 먼저 다가오기를 바라는 걸까요?" 등 말입니다.

직장인은 동료가 무언가를 물어보면 웃으며 알려줍니다. "입사한 지가 언제인데 아직 그것도 모르세요?"라며 짜증 내는 선택지도 존재하지만 보통은 친절을 베풉니다. 그것이 사회와 조직 생활의 상규입니다. 카페 직원은 자주 와서 같은 메뉴만 먹는 손님의 얼굴과 취향을 기억합니다. 서비스직에 종사하는 사람이라면 자연스레 그리되는 것이지 별다른 이유는 없습니다. 소모임처럼 여러 사람이 같은 공간에 함께 있을 때에는 종종 서로의 눈이 마주치기도 합니다. 십중팔구 그 '여' 직원과 '여' 알바, '여' 회원은 연애의 대상인 여자이기 이전에 성인이자 사회인으로서 그저 직장인, 서비스직 종사자, 여가 시간을 즐기는 동호회 회원으로서 자기 할 일을 하며 그곳에 있을 따름입니다.

비슷한 맥락에서 타인을 묘사하는 경우 그의 성별이 중요하지 않은 상황에서조차 반드시 '여○○' 혹은 '○○녀' 같은 표현을 사용하는 것 또한 픽업 아트 커뮤니티 구성원들이 공유하는 특성입니다. 저는 이것이 그들의 내면 상태를 반영하는 일종의 징후라 봅니다. 인간의 의식이 도식화되어 있는 이상 성차를 인지하고 각 성별의 일반적 형상에 기대어 사고하는 경향을 완전히 제거하기는 어려울지 모릅니다. 하지만 이러한 난점을 감안하더라도 픽업 아트 커뮤니티 구성원들의 이성에 대한 타자화와 대상화는 대단한 수준입니다. 동성에 관한 태도 역시 성애 추구의 이분법적 인식에 의해 결정된다는 점에서 이성을 향한 그것과 크게 다르지 않습니다. 연애 능력이 탁월한 듯 보이는 '알파 메일'은 모방과 숭배 혹은 시기의 대상으로, 자신과 비슷한 처지의 '베타 메일'은 한정된 연애의 기회를 놓고 경쟁하는 상대로 간주합니다.

• 두 번째 조건: 근본적으로 중요한 단계를 무시하지 말 것

성인이자 사회인에게는 연애 이전에 적절히 맺고 원만하게 유지해야 할 여러 관계가 있습니다. 특히 인간적 신뢰를 기반으로 성립하는 역할과 기능 중심의 관계에서 스스로가 무엇이며 무엇이 되기를 원하는지의 여부가 가장 중요합니다. 연애 상대로 끌리는 '남자' 혹은 '여자'가 되는 것은 나중 문제인 데다 개별적으로 달성이 가능한 목표도 아닙니다. 따스한 격려와 건설적 비판을 주고받을 수 있는 '벗', 마음 놓고 일을 분담할 수 있는 '동료', 신체적으로나 정서적으로 해롭지 않고 편안한 '사람'으로서 타인들 틈에 자리하는 일이 연애보다 먼저입니다. 이것이 자아뿐 아니라 주변의 모두에게 그리고 보통의 관계에 두루 유익한

효과를 산출하는 연계적 지향입니다.

오직 연애의 가능성만을 기준으로 한 이분법적 인식 위에서는 이러한 지향이 만들어질 수 없습니다. 상대를 연애하고 싶은 자아에게 유용하거나 무용한 타자로 볼 뿐 자신과 동등한 주체로 인식하지 못한다면 건강한 인간관계의 형성이라는 근원적 목표의 실현과는 멀어지게 됩니다. 현실에서 우리가 누군가에게 연애 감정을 느끼는 시점은 대개의 경우 그가 자신의 직분에 충실하기에 믿음이 가며 오로지 존중을 목적으로 타인을 중시할 줄 아는 성숙하고 생산적 성격을 가진 사람임을 안 다음입니다. "지인으로서, 친구로서, 동료로서 참 별로인 저 사람과 연애는 하고 싶어."와 같은 의식의 흐름은 상상할 수 없습니다.

픽업 아티스트들이 강조하는 콜드 어프로치, 이너 게임, 바이브, 프레임 등은 단발적 만남과 이후 어찌 되어도 상관없을 정념에 관해서만 겨우 유효하지 근본적으로 중요한 단계인 건강한 사회성과 연계성의 지향 앞에는 별 쓸모가 없는 자질구레한 기술에 지나지 않습니다. 타인의 마음은 고려하지 않은 채 자기 감정에 따라 도전하듯 고백하고 거절 당하면 상대와 자신을 함께 비난하는 일을 그만두겠다는 결단이 '연애 능력' 계발을 위해 무언가를 배우는 일보다 훨씬 시급합니다. 연애를 목적으로 시도하는 모든 일을 멈추고 성인이자 사회인으로서 해야 할 일에 충실한 와중에 주변 사람들에게 호감이 가는 지인, 친구, 동료부터 될 수 있어야 합니다. 이것이 안 되면 그 다음 단계는 없습니다.

• 세 번째 조건: 연애를 오해하지 말 것

픽업 아트 커뮤니티에 올라온 글들을 나란히 놓고 보면 연애에 관한 한 가지 결정적 오해를 발견할 수 있습니다. 연애야말로 삶의 온갖 부정성을 일시에 소거할 만능 지우개라는 기대가 그것입니다. 삶이 공허하고 자신이 불완전하다는 느낌에 강하게 사로잡힌 사람일수록 연애에서 답을 찾고자 하는 경향이 있습니다. 주말에 딱히 할 일이 없고 수시로 연락을 주고받을 누군가가 없기 때문에 삶이 공허하며 결여를 채워줄 타인을 만나지 못해 자신이 불완전하다는 믿음은 연애라는 과업의 성취를 통해 이 모든 불행에서 탈출할 수 있다는 기대를 강화합니다.

일단 공허와 불완전성이 삶과 자아의 제거할 수 없는 본질이라는 진실을 수용할 필요가 있습니다. 연애를 하든 안 하든 그것과는 상관없이 원래 삶과 자아는 그러한 것입니다. 이러한 본질적 공허와 불완전성을 실존의 문제로 정의한 후 홀로 신중히 상대하고 적절하게 다룰 수 있는 상태가 곧 "자립"이고 자립한 사람은 "자기 자신을 사랑"할 수 있는 사람입니다. 유념할 점은 이기적 자아의 자기 위로나 나르시시즘적 자화자찬과 자기 자신에 대한 사랑이 다르다[27]는 사실입니다. 자립하여 자기 자신을 사랑할 수 있는 사람은 그것과 동일한 방식으로 타인을 사랑하며 쓸쓸하고 외로운 기분을 견디지 못해 하는 연애에, 삶이 충분히 행복하지 않다는 느낌이 들어 하는 연애에 자신을 던지지 않습니다. 이는 자립 없는 결합에 뛰어드는 일이며 그리하여 타인의 존재를 가져와 스스로 해결해야 할 문제를 봉합하려는 것과 마찬가지입니다.

자립이 의미하는 바를 이해한 사람은 자립하지 못한 타인을 자신이 '구원'할 수 없음을, 하려 해서도 안 됨을 압니다. 이에 더해 자신이 타인에게 예속되는 것도, 타인이 자신에게 예속되는 것도 바람직하지 않음을 역시 잘 압니다. 타인은 나의 일상을 구원하거나 나의 결여를 채우기 위해 가져다 쓰는 수단이 아닙니다. 오직 자신만이 자신을 구할 수 있습니다. 그리고 자립한 두 사람이 충분히 따로, 그러면서도 함께 걸을 때에만 삶의 모든 경험이 더욱 굳건해진다는 믿음을 향해 나아갈 수 있습니다. 이것이 파괴적이거나 퇴행적인 연애가 아닌 사랑을 위한 연애를 구축하는 방법입니다.

- 종합: 그런즉 연애하려 하지 말 것

픽업 아트나 연애 컨설팅과는 달리 사랑을 철학의 진지한 주제로 설정하고 존재와 관계, 더 나아가 진리의 문제를 해명하고자 한 이론들은 하나같이 연애의 '시작'이 아니라 '그 이후'에 주목합니다. 앞서 언급했듯 사랑의 철학에 따르면 연애와 사랑은 일치하지 않습니다. 그러므로 모든 연애가 자동으로 사랑을 담보하지도 않습니다. 사랑의 철학은 사랑하고 사랑 받을 권리와 역량이 모두에게 평등한 것임을 인정하지만 그렇다고 해서 아무나 사랑하고 사랑 받을 수 있다고 이야기하지는 않습니다. 우연한 사건처럼 시작된 만남이 사랑을 창조하는 절차가 되도록 이끄는 것은 자립한 둘이 함께 기울이는 노력입니다. 이때의 노력은 "기술"이나 "미지의 무엇을 지속하려는 욕망", "재발명"[28]으로도 바꿔 부를 수 있겠습니다.

따라서 연애의 시작 혹은 연애한다는 사실만으로는 자신과 타인, 관계에서 어떤 새로움도 생산할 수 없습니다. 사람이 살면서 으레 하는 행동과 말을 어떻게든 성애적인 것으로 환원하려는 '어둠의 화용론話用論'에 천착할수록 의사소통을 중심으로 구성되는 관계의 다양한 가능성은 설 자리를 잃습니다. 불행의 탈출, 외로움의 종결을 위해 연애한들 근본적 부분은 변하지 않습니다. 똑같이 불행의 탈출, 외로움의 종결을 위해 연애하려는 사람을 만나 서로를 착취하다 실망한 끝에 실제로 경험해본 적 없는 사랑까지 불신하게 됩니다. 사랑과 동떨어진 연애에는 기계적 의례와 구속, 공평한 교환을 향한 욕망만이 남습니다. 그럼에도 연애 그 자체를 인생의 지상 과제로 설정하는 것이 옳은 일인지 의문입니다.

픽업 아트나 연애 컨설팅 커뮤니티의 구성원 중 대다수는 자신이 너무 착해서 연애를 못한다고 생각합니다. 픽업 아티스트들도 착하다는 말을 '자신감이 없음', '남자답지 않음' 등의 특성과 동일시해 사용하며 제자들에게 듣기 좋은 위로를 건넵니다. "연애의 기술을 배워 착한 남자에서 벗어난 다음 여러분이라는 그릇을 매력적인 '콘텐츠'로 채우면 문제가 해결될 것입니다." 하지만 정말 그런 문제일까요? 연애 없는 삶이 전혀 문제적이지 않음은 물론이고 지금까지 하지 말아야 할 것들을 열거하는 과정에서 거론한 경향들, 그러니까 타인을 대상화하고, 스스로도 신뢰가 가는 어른-사람보다 연애할 수 있는 성애의 대상이 되는 데 훨씬 더 많은 관심을 기울이고, 자립에 관한 성찰을 외면하는 대신 의존할 관계를 찾는 등의 경향은 선과 아무런 상관이 없습니다. 그러므로 '연애하려 하지 않기'를 권합니다. 핵심적 과제들과 직면하는 일부터 시작합시다.

4. '있는 그대로의 나'의 '내면을 보'고 '아무 조건 없이 사랑해줄' 사람

사랑이 다 죽은 시대라는 진단

사랑이 불가한 시대라고 합니다. 외모, 학벌, 직업, 소득을 따져 만날 사람을 고르는 이가 대다수라 순수한 사랑은 설 자리를 잃었다고 합니다. 불안한 현재와 미래 때문에 연애, 결혼, 출산 등을 포기한 N포 세대의 존재가 사랑의 고사를 방증한다는 분석[29]도 있습니다. 완전히 틀린 말은 아닙니다. 매력을 모두에게 공평히 할당하는 세계의 원리 따위는 없기에 누군가는 자신이 원하는 수준의 관심과 인기를 끌지 못합니다. 생활의 고단함은 쉬이 정서적 소진을 야기해 꼭 해야 할 일 외의 것에 주의를 기울일 수 없게끔 만듭니다. 인연을 만나기, 데이트에 돈과 시간을 쓰기, 즐거운 순간만큼 피곤한 때도 연애나 결혼을 하고 또 계속해 나가기…. 전부 만만하지 않은 일입니다.

어쨌거나 사랑에 대한 갈증은 사라지지 않습니다. 사랑을 갈망하는 자아는 곧잘 이렇게 말합니다. "있는 그대로의 나의 내면을 보고 아무 조건 없이 사랑해줄 사람을 만나고 싶다." 이는 언뜻 오늘날 사랑을 방해하는 요소라는 혐의를 받은 속물성 일체를 거부하며 세태에 저항하는, 이상적이며 순수한 사랑을 추구하는 담화인 양 보입니다. 하지만 적지 않은 경우 이 담화가 실제로 암시하는 것은 심리적으로 경제적인 관계와 그 안에 들어앉은 안온한 자아로의 이행을 원하는 외로운 자아의 욕망입니다. 이 지점에서 사랑이 다 죽었다는 시대의 어쩌면 가장 시급한 과제를 발견하게 됩니다. 바로 나르시시즘이 지탱하는 지배-복속의 교환 관계와 사랑을 구별하는 일입니다.

편리한 이분법 ①: 가면과 민낯

'있는 그대로의 나'는 굉장히 통속적으로 쓰이는 반면에 의미는 불분명한 표현입니다. 있는 그대로의 나를 말하는 나조차 그런 내가 어떤 나인지를 설명하는 데 어려움을 겪고 결국은 실패합니다. 당연한 일입니다. 의식이 구성하고 상정한 자기 동일성은 내부에 근본적 균열과 모순이라는 실재를 품고 있습니다. 이 균열과 모순을 무의식이라 해도 좋고, 타자성이라 해도 좋습니다. 결국 '있는 그대로의 나'라는 말이 포착하는 것은 확고부동한 실체가 아닌 그때그때 다른 느낌과 상태의 변화입니다. 다만 '있는 그대로의 나'를 포함하는 용례들을 살펴보며 이 말이 어떤 맥락에서 자주 등장하는지 정도는 가늠할 수 있습니다. 다수의 용례에서 '있는 그대로의 나'라는 표현은 일차적으로 사회적 가면 persona을 쓴 자아와 대립하는 것으로 추정되는 벌거벗은 자아를 가리킵니다.

벌거벗은 자아를 앞세울 때 두드러지는 것은 불안, 분노, 공격성, 자기 비하, 이기심 등 자아의 부정적 측면입니다. 문제는 부정적 측면의 유무가 아니라 그것이 드러나는 강도와 방식입니다. 사회적 가면은 억압적 기제가 맞습니다. 한데 자아를 억압하는 그 특성 덕분에 사회적 가면은 자아의 부정적 측면을 지나치게 날것 그대로 외화하지 않음으로써 자신과 타인, 관계를 보호하는 장치로도 기능[30]합니다. 우리는 친밀해지는 와중에 노출되고 이끌립니다. 또 부러 드러내지 아니하고 물러서면서 존중을 표합니다. 전자는 자연스레 발생하는 현상인 반면에 후자는 능동적 행위이자 연마를 요하는 기술입니다. 자아의 부정적 측면이 불가분한 나의 한 부분이듯 사회적 가면도 나의 일부고 이것을 활용하는 나도 나입니다. 연인 사이에도 관계를 위한 장치와 기술이 필요합니다. 그런데 많은 이가 이 사실을 망각하거나 간과합니다.

'있는 그대로의 나'를 신봉하는 자아는 상대를 특별히 가깝게 여겨 있는 그대로의 나를 보여'준다'고 생각하지만 이는 실제로 '주는 것'이 아니고 격정적 감정이 신체를 움직이도록 내버려 두는 것입니다. '있는 그대로의 나'를 자기 하고 싶은 대로 하는 자아에게만 편리한 자의적 정의로 사용한다면 그래서 "이것이 있는 그대로의 나니까 네가 이해해."라며 시시때때로 화내고 의심하고 보챈다면 관계의 운명은 오롯이 상대의 인내력에 달린 일이 됩니다. 자아의 관심은 관계 대신 자신을 수용하고자 상대가 얼마나 많은 이해와 관용을 투여하는가, 즉 자신이 혜택 받는 자아로서 존재하는가의 여부에 쏠립니다. 이 관심은 자신과 타인, 더 나아가 관계 자체의 역량마저 "자기 자아에 들이는 것을 목표로" 하는 나르시시즘적 본능[31]을 반영합니다.

편리한 이분법 ②: 껍데기와 알맹이

'내면을 보라.'는 요구는 외모지상주의와 물질만능주의에 대한 비판을 담고 있기에 정언 명령으로 간주되며 나름의 의의를 지닙니다. 그러나 결합할 대상을 물색하는 외로운 자아의 발화에서 이 요구는 자아에게 편리한 이분법의 또 다른 갈래를 나타냅니다. '있는 그대로의 나'의 경우와 마찬가지로 내면을 보라는 말 역시 인간을 껍데기와 알맹이로 나눈 후 각각을 신체, 가변성, 가짜, 무의미한 형식 그리고 정신, 영원, 진실, 참된 내용과 동일시하는 사고를 저변에 둡니다. 외로운 자아가 보기에 자신이 사랑을 얻지 못하는 이유는 결합의 잠재적 대상인 타인들이 무가치한 외면에만 집착하기 때문입니다. 외로운 자아는 자아의 보존을 위해 자기 내면의 아기자기함을 굳게 믿으며 스스로를 독특하고 입체적인 존재로 여깁니다. 그리고 딱 그와 동일한 정도로 타인을 몹시 평면적인 존재라 규정합니다.

그렇지만 인간은 계란이나 조개가 아닙니다. 어디까지가 껍데기고 어디부터가 알맹이인지를 양단하는 것은 불가능합니다. 인간은 성장 과정에서 타인의 시선과 욕망에 반응하고 세계와 자아 사이의 불화를 조율하는 가운데 성격을 형성합니다. 증상, 말실수, 꿈의 예시처럼 은폐된 내면이 의식 층위에 스미기도 하고,[32] 때로는 말과 행동이 정신에 대한 통제력을 발휘하기도 합니다. 누군가의 꾸밈새를 보면 그가 섬기는 일상의 규율이 무엇인지를 대강 짐작할 수 있습니다. 역으로 다정하고 겸손한 마음은 온화한 낯빛과 공손한 태도로 나타납니다. 우리는 보이는 것을 경유하는 방식으로만 보이지 않는 것을 보며 각자의 내면을 부지불식간에 수시로 폭로합니다.

결국 '있는 그대로의 나'에 천착하는 경향과 '내면을 보라.'는 요청은 한 인간이 성숙한 인격에 다다르기까지 통과하는 근원적 분리로써의 발달 단계들과 그로 발생하는 인간의 복잡성이 현실임을 충분히 이해하지 못하는 자아를 전제합니다. 이러한 자아는 "경이로운 합일, 무제한적 쾌락 원칙, 완벽한 행복, 순수한 전능감"[33]으로 요약되는 유아기의 일차적 나르시시즘을 향한 향수를 간직한 채 사회적 표상과 요구를 수용한 결과물이자 유아기의 나르시시즘적 대체물인 자아이상 Ich-Ideal과 이상자아 Ideal-Ich[34]에 단단히 붙들려 있습니다. 따라서 외로운 자아는 '남들 다 하는'

데다 '가져야 마땅할 좋은 것'이고 '결핍을 해소해줄 무언가'의 표상으로서의 사랑을, 현실 원칙의 개입에 의한 불쾌가 일어나지 않는 방식으로 경험하는 자아가 되는 일을 목표로 삼습니다.

현실과 인간의 애매모호하고 난해한 본질을 제대로 마주하는 것은 외로운 자아의 능력을 상회하는 과업입니다. 그러한 자아에게 유일하게 확실한 가치는 이른바 '진정성'뿐입니다. 상대가 감당하기 힘든 정서적 결핍과 극단적 감정 기복마저 '있는 그대로의 나'의 '내면'이므로 돌진하듯 너에게 펼쳐 보인다는 진정성, 이런 나에게 무한한 관용과 인내를 보여야 증명되는 너의 어떤 진정성, 요컨대 원래 나는 이런 사람이라는 주관의 진정성, 하지만 내가 원하는 대로 나를 대해 줘야만 비로소 현전하는 너의 진정성…. 이런 식의 "진정성 숭배"는 비록 참된 성질에 관한 언사를 통해 이루어지지만 진정성을 욕망하는 자아 외의 그 무엇도 생산하지 못[35]합니다.

아무 조건 없이 사랑해 달라는 가장 까다로운 조건

사랑은 국경과 인종, 나이, 신분을 초월합니다. "그렇다면 아무 조건 없이 사랑해 달라는 주문은 사랑의 본질과 상통하는 것 아닌가? 무엇이 문제인가?"라는 의문이 들 것입니다. 나르시시즘에 붙들려 있기에 외로운 자아의 발화 속 '아무 조건 없이'의 '조건'은 '사랑이 개념하지 않는 차이와 현실적 제약으로서의 조건'

과 질적으로 다릅니다. 외로운 자아가 말하는 '아무 조건 없이'란 '있는 그대로의 나'가 지시하는 자아의 난폭하고 제멋대로인 측면에 관해 한없는 이해를 얻으려는 소망 그리고 타인이 감지하지 못할 뿐 자아는 실재한다고 믿는 자신의 아름다움과 진정성의 근거인 '내면'을 향한 관심, 기분을 고양하는 감정, 보살핌 등의 수혜자가 되고자 하는 욕망의 표현입니다. 이처럼 '받는 쪽이 되는 것'이 최대 관심사인 자아를 만족시킬 수 있는 사랑은 아기를 대하는 어머니의 사랑 혹은 믿는 자를 향한 신의 사랑에 가깝습니다.

자아가 자신과 어머니의 분리를 인지하고 수용함에 따라 독립적 인격으로 거듭나기 이전까지만 유효한 (영)유아기적 애착 관계는 똑같은 형태로 현재의 시간 속에 가져올 수 없는 한때의 원체험입니다. 신의 사랑은 세계를 초월한 절대자의 권능인 '은총'이므로 그것을 희구하는 자는 자신을 연약하고 무력한 피조물의 처지에 놓게 됩[36]니다. 이것 모두는 "실존의 문제에 대한 신중한 해답으로서의 사랑"과 구별되는 "공서적共棲的 합일"[37]에 해당합니다. 따라서 어머니의 사랑이나 신의 사랑과 같은 무언가, 그러니까 대상에게 자신을 던지듯 의존하는 수동성을 유지하면서 외로움과 불안을 해소할 수단으로써의 사랑을 타인에게서 찾을 때 그 시도는 반드시 실패합니다. 아무 조건 없이 사랑해줄 사람을 찾는 것과 아무 조건 없이 혜택 받는 사랑을 원하는 것이야말로 우리가 사랑에 대해 내걸 수 있는 가장 까다로운 조건입니다.

사랑의 관건: 자립한 둘과 지속하는 충실성

그럼 사랑의 '관건'은 무엇일까요? 이에 답하려면 우선 사랑을 둘러싼 몇 가지 중대한 오해를 바로잡아야 합니다. 첫 번째 오해는 둘을 융합해 하나로 만듦으로써 어떤 위험에도 흔들리지 않는 안온함과 완전함을 구축하는 작용이 곧 사랑이라 믿는 것입니다. 두 번째 오해는 사랑을 사랑의 서막인 만남과 이후 일정 기간 이어지는 감정의 황홀경으로 축소해 생각하는 것입니다. 오해와 달리 사랑이 둘을 하나로 만드는 것이 아니라 둘이 둘인 채 하나의 사랑을 만들어 지키는 것이고 위험과 거듭되는 위기는 사랑의 적이 아닌 핵심입니다. 그래서 사랑에 있어 진정으로 중요한 부분은 만남의 순간이 아닌 만남 이후의 시간들입니다. 흐르는 시간 속에서 사랑을 지속하려면 감정의 변화에 스스로를 내맡기는 것만으로는 충분하지 않으며 이해와 성찰 그리고 이에 기반을 둔 실천이 필수입니다. 사랑은 타인이 자아에게 증여하는 보상일 수 없고 오직 주체와 주체가 함께 참여하는 생산적 과정으로서 성립합니다.

　이런 이유로 사랑의 관건 중 하나는 '자립한 둘'입니다. 사랑의 시발점인 둘의 만남은 그들이 서로를 만나야 할 필요나 개연성을 전제하지 않고 이루어진다는 점에서 그야말로 우발적 사건이며 외로움에 쫓기던 자아가 리비도의 자기중심성, 즉 유아적 나르시시즘에서 벗어나 "둘이라는 최초의 다수"[38]를 조우하는 계기이기도 합니다. 이때 "분리의 체험과 여기서 생기는 분리

상태의 불안을 합일의 경험에 의해 극복하려는 욕구"[39]에 굴복할 경우 자아는 다시 공서적 합일을 향해 퇴행하고 맙니다. 그러므로 사랑의 가장 기본적 조건은 둘을 보존하는 것입니다. 이러한 둘의 보존을 달리 표현하자면 주체-나와 주체-너가 수행하는 "둘의 무대la scène du Deux의 건설" 또는 "각자에게 각자의 특성을 허용하고 자신의 통합성을 유지한 상태로 행하는 활동"[40]이라 할 수 있겠습니다.

이 지점에서 사랑의 또 다른 관건인 '지속하는 충실성'이 대두합니다. 만남의 순간을 지배했던 감정의 황홀경은 오래지 않아 사그라집니다. 완전한 합일의 환상을 지탱하는 호기심, 설렘, 기쁨의 수명은 지극히 짧습니다. 그 이후에는 위기들의 연속만이 남습니다. 두 사람이 연인이 됨을 방해하거나 반대하는 객관적 현실도, 둘이 둘인 채 하나의 사랑에 함께 관여함에서 비롯하는 충돌과 불확실성과 피로도 사랑에는 똑같은 위기입니다. 그렇기 때문에 둘은 사랑에 넉넉한 충직과 성실을 투여해야만 합니다. 한 번 투여하고 말거나 적당히 하다 그치는 것이 아니라 위기가 닥칠 때마다 새롭게 반복하는 식으로 그리해야 합니다. 충실성의 발휘를 중단하는 순간 둘은 낱낱으로 흩어지며 "사랑을 잃고 다시 유아론적 주체로 돌아"[41]갑니다.

사랑은 서로를 만난 둘이 둘인 상태를 소거하는 합일을 경계하며 위기 앞에서 좌절하거나 포기하지 않는 방식에 따라 "다리절기boiterie"와 흡사한 불완전함을 견디는 가운데 최초의 만남

이 열어젖혔던 '건설의 가능성'을 갱신해 나아가는 절차[42]입니다. 이러한 "노고의 질서에 속하는 사랑"[43]에는 분명 외로운 자아의 '아무 조건 없이'와는 다르게 조건을 부정하지 않음으로써 패념하지도 않는 힘이 깃들어 있습니다. 게다가 사랑에 관여함이 다수를 향하는 주체성이라는 점에서 사랑에는 외로운 자아의 '있는 그대로의 나'에 관한 고집과는 다른 통합적 자기 인식의 여지가 존재합니다.

위기는 사랑을 중지할 수 있습니다. 그리고 다른 한편으로는 위기 속에서 사랑이 반복의 체제를 구성합니다. 이 "모순적 본성"[44] 때문에 사랑은 근본적으로 모험입니다. 사랑한다는 것은 위험에 뛰어드는 일입니다. 요컨대 사랑은 자발성, 결단, 참여, 충실성의 투여와 발휘 등 능동적으로 건네는 활동과 그 생산성을 두루 일컫는 이름이지 외로움을 해소하기 위해 대상에 들어앉거나 대상을 지배하는 형태로 이루어지는 융합, 남이 주는 바를 받는 것, 남에게 받기를 기대하며 주는 계산의 논리 따위를 가리키는 개념이 아닙니다. 특히 "주는 행위로서의 사랑의 능력"은 한 사람이 "의존성, 자아도취적 전능, 타인을 착취하려는 욕망, 저장하려는 욕망을 극복"한 생산적 성격, 그러니까 성숙한 인격으로 발달했음을 전제로 삼[45]습니다. 이러한 사랑의 실제는 그저 줌으로써 능동적으로 사랑에 참여하는 주체성이자 성숙한 인격의 형상과 정반대인 나르시시즘에 빠진 자아의 소망을 기각합니다.

죽지 않은 사랑을 위한 소거법의 첫 번째 대상

'사랑이 다 죽은 시대라는 진단'을 다시 생각합니다. 사실 사랑은 죽거나 사라질 수 없습니다. 사라져 가는 것은 인간과 사랑에 대한 인간 자신의 이해와 탐구심입니다. 아무리 많은 사람에게 둘러싸여도 인간은 결코 완전하다는 감각을 가질 수 없고 때때로 고독을 느끼는 것이 자연스러운 일이라는 사실, 그 고독은 자유의 일면이므로 홀로 있음을 불행의 증표와 등치할 이유가 없다는 사실, 자신의 외로움을 잘 다루지 못해 전전긍긍하던 자아가 해법으로 여기는 대상과의 융합은 사랑에 미치지 못한다는 사실을 이해하는 것이 현시대의 시급한 과제 중 하나입니다. 홀로 있어도 괜찮지만 사랑의 시간 안에서 상대와 함께 만들어가는 경험을 통해서만 드러나는 '다수의 진리'가 귀함을 알 때 우리는 만남, 성관계, 연애, 데이트 세레모니, 결혼과 같은 사랑의 일부 국면이나 하위 항목에 연연하는 대신 각각의 합을 초과하는 절차인 사랑의 영원성에 진정한 의미로 참여할 수 있습니다.

어찌 보면 만남 이후의 절차에 충실하며 계산 없이 주는 주체가 되는 것이야말로 외모, 학벌, 직업, 소득, 재능의 제약을 받지 않고 누구나 평등하게 추구할 수 있는 목표입니다. 하지만 많은 이가 '올바른 상대'를 골라 자아의 안전을 확보한 상태에서 받는 증여를 사랑의 증표라 간주합니다. 물론 이 지경이 된 데는 모든 것을 합리적 예측과 셈을 동반하는 교환으로 환원하는 세계의 경향이 기여[46]한 바가 큽니다. 그러나 우리가 사랑하기를 포기하지 않는다면 사랑은 그러한 세계의 경향에까지 저항할 수 있습니다. 억압 아래서 아직 죽지 않은 사랑을 위해 사랑의 외양을 지녔지만 사랑이 아닌 유사 사랑을 지움으로써 사랑이라는 말과 개념을 재발명하는 작업이 첫 단추입니다. 그러려면 "있는 그대로의 나의 내면을 보고 아무런 조건 없이 사랑해줄 사람을 만나고 싶다."는 자아도취적 태도를 가장 먼저 소거해야 할 것입니다.

5. 독을 삼키는 법: 복어를 먹듯 전부를 수용하기

인간-동물의 섭식과 인간의 섭식

모든 동물은 무언가를 먹음으로써 살아 있는 상태를 유지하고, 더 나아가 활동에 필요한 양분을 얻습니다. 먹지 않고 생존하는 동물은 없으며 기본 욕구인 식욕에서 비롯하는 굶주림의 감각은 개체에게 섭식의 의무를 지속적으로 일깨웁니다. 달리 표현하자면 섭식은 자기 보존의 목적을 위해 외부의 대상을 불가피하게 자신의 생물적, 생리적 차원의 한 부분으로 받아들이는 일입니다. 그래서 동물은 자신을 훼손하거나 파괴할 가능성이 있는 독성과 오염 물질을 함유한 먹이를 본능적으로 피합니다. 인간 또한 동물의 한 종에 속하는 만큼 이와 같은 섭식의 의무와 자기 보존이라는 본능적 목표를 좇는 경향에 단단히 구속되어 있습니다.

한편 인간-동물이 수행하는 섭식은 동물의 그것과 달리 문명화된 방식에 따라 이루어집니다. 인간-동물은 지적 능력과 과학 기술을 활용해 식량 자원의 가치를 분별하는 지식의 체계를 세우고 품종 개량과 식재료의 조리, 가공, 보존 방법을 연구했습니다. 그 결과 안전한 먹이를 스스로 만들고 조달하는 데 탁월한 능력을 발휘하는 독특한 종으로 거듭났습니다. 마음 놓고 먹을 수 있는 다채로운 음식물의 질적, 양적 풍요는 오늘날의 인류에게 몹시 '자연스러운' 상태입니다. 더는 굶주림에 몰려서, 아니면 뭘 잘 몰라서 안전한지의 여부가 불확실한 무언가를 입에 넣고 보는 식의 모험을 할 필요가 없는 것입니다. 그럼에도 인간-동물은 종종 못 먹을 것을 바득바득 먹으려 듭니다. 이는 다른 동물에게서 좀체 관찰되지 않는, 별나기 짝이 없는 섭식의 양상입니다.

내 접시에 오른 것 중 못 먹을 것이 있다면

'독이 남은 복어 요리'에 관한 속설은 인간 특유의 별난 섭식의 양상을 묘사하는 이야기 중 하나입니다. 주로 알과 내장에 들어 있는 복어 독의 성분은 신경 계통에 작용하는 생물 독인 테트로도톡신tetrodotoxin으로, 그 위력이 청산가리의 5~13배 정도라고 합니다. 실험 쥐의 반수 치사량을 기준으로 계산하면 어지간한 성인은 쌀 한 톨 무게보다 조금 적은 테트로도톡신을 먹는 것만으로도 죽음에 이를 수 있다는 결론이 나옵니다. 그러나 극히 적은 양의 테트로도톡신을 섭취할 시 입술이 얼얼하게 마비되는 선에서 그치고 생명에는 지장이 없다고 합니다. 그 아린 감각을 즐기고자 복어 요리에 독을 남겨 달라 주문하는 사람들이 있다[47]는 것이 속설의 골자입니다. 이 속설은 제법 유명한지라 여러 창작물에서 장치나 소재, 알레고리로 쓰입니다.

허영만의 『식객』에 등장하는 악당 요리사 공민우에게는 신념이 있습니다. 복어는 목숨을 담보로 극한의 맛을 즐길 수 있기 때문에 보석에 견줄 만한 음식이고, 따라서 이를 '대충' 먹고 마는 것은 있을 수 없는 일이라는 믿음입니다. 공민우가 말하는 '극한의 맛'이란 삶과 죽음 사이에서의 외줄 타기가 선사하는 긴장감과 전율입니다. 그는 도박꾼처럼 독이 남은 복어 요리와의 생명을 건 승부에 집착하며 더 짜릿한 한판을 위해 스스로 독에 대한 내성을 기릅니다. 문제는 그가 이 위험한 도박을 혼자 즐기는 데서 그치지 않고 개를 상대로 테트로도톡신의 치사량을 실험하거나 내성이 있을 리 없는 식당 손님들에게까지 복어 독 먹기를 강권[48]한다는 것입니다. 여기서 복어 독은 자기의 만족을 위해 수단과 방법을 가리지 않는 공민우의 극단적 가치관과 비틀린 욕망을 부각하는 장치로 활용됩니다.

평생에 걸쳐 미식을 추구한 것으로 유명한 일본의 예술가 기타오지 로산진[49]은 타인에게 복어 독 먹기를 강력하게 추천하지는 않았지만 "복어 간도 법을 지키면서 먹는다면 권장한다. 상당히 맛있는 부위인데 맹독이 있다며 간을 버리는 경우가 많다."라며 "복어를 안심하고 먹을 수 있는 날이 왔는데도 복어를 무서워하는 건 무지한 일이다. (…) 쓸데없이 죽음을 예민하게 의식하는 사람들은 상식적인 얼굴은 하고 있지만 아직 인생을 깨닫지 못한 게 아닐까."라고 이야기했습니다. 안전하게 복어를 손질하고 취식하는 방법이 확립된 지 오래고 "죽음은 원래 숙명적으로 결정되어 있"[50]음에도 혹시 모를 위험을 피하기 급급해 지고한 아름다움과의 조우조차 거부하는 태도가 과연 문명적, 문화적, 미학적으로 '인간답다' 할 수 있는지를 묻는 것입니다.

복어는 독을 뺀 복어가 될 수 있는가

실제로 세상 어딘가에 일부러 복어 독을 즐기는 사람들과 그들을 위한 요리를 파는 가게가 있는지, 회 한 점에 복어 알 하나를 올려 먹는 정도라면 무탈하게 극한의 맛을 느낄 수 있는지는 아무래도 좋습니다. 앞서 밝혔듯 중요한 사실은 독이 남은 복어 요리에 관한 속설이 장치, 소재, 알레고리로서 실존하는 인간의 어떤 면모를 가리킨다는 점입니다. 정일근의 시 「사는 맛」[51] 역시 독이 남은 복어 요리를 다룹니다. 아래는 「사는 맛」의 전문입니다.

> 당신은 복어를 먹는다고 말하지만
> 그건 복어가 아니다, 독이 빠진
> 복어는 무장 해제된 생선일 뿐이다
> 일본에서는 독이 든 복어를 파는
> 요릿집이 있다고 한다, 조금씩

조금씩 독의 맛을 들이다 고수가 되면
치사량의 독을 맛으로 먹는다고 한다
그 고수가 먹는 것은 진짜 복어다
맛이란 전부를 먹는 일이다
사는 맛도 독 든 복어를 먹는 일이다
기다림, 슬픔, 절망, 고통, 고독의 독 맛
그 하나라도 독으로 먹어 보지 않았다면
당신의 사는 맛은
독이 빠진 복어를 먹고 있을 뿐이다.

일단 『식객』과 로산진의 산문, 「사는 맛」에서 복어 독을 탐하는 인간의 모습은 공통적으로 미식가의 형상과 연결됩니다. 이 미식가들의 섭식은 유기체의 자기 보존 본능을 거스르면서까지 심미성을 좇는 행위입니다. 그리고 독이 남은 복어 요리가 담보한다고 간주되는 심미성은 대상을 고스란히 본바탕 그대로 취함으로써 완전함 혹은 총체성을 손에 넣겠다는 인간적 의지와 짝을 이룹니다. 이 의지는 미식가로 하여금 생리적 이해득실을 개의하지 않고 "무장 해제된 생선"과 "진짜 복어"를 구별한 다음 흔쾌히 후자를 택하게 만듭니다. 자기 파괴의 가능성조차 감수하고 복어만의 특별한 요소이자 '가장 복어다운' 부분인 독의 맛을 기꺼이 몸 안으로 들이는 미식은 자연 법칙과 기본 욕구만을 따르는 보통의 동물과 욕망 또는 의미를 지향하는 인간을 구별

짓는 문화적 실천을 표상합니다.

한데 「사는 맛」의 주제 의식은 미식에서 한 걸음 더 나아갑니다. 시는 독을 남긴 복어 맛과 사는 맛을 나란히 놓고 복어 독에 대응하는 "기다림, 슬픔, 절망, 고통, 고독의 독 맛"을 나열합니다. 복어의 일부인 복어 독이 인간-동물의 생리적 자기 보존을 위협하듯 기다림, 슬픔, 절망, 고독은 인간의 정신적 영역, 즉 자아의 훼손을 야기하는 삶의 요소들입니다. 요컨대 "그 하나라도 독으로 먹어 보지 않았다면 당신의 사는 맛은 독이 빠진 복어를 먹고 있을 뿐이다."라는 종결부는 온전히 산다는 것이 즐거움이나 기쁨, 희망처럼 반길 만한 것은 물론이고 피하고 싶은 부정적 경험과 감정 따위의 독마저 함께 삼킬 수밖에 없는 과정이라는 진실을 강조하고 있습니다.

복어 맛과 사는 맛 사이의 유사성이 시 전체를 관통하지만 둘 사이에는 큰 차이 또한 존재합니다. 미식가는 목적을 가지고 위험을 통제하는 기술의 보유자인 전문 요리사에게 복어 독을 남겨 달라 주문하는 반면에 삶을 사는 인간은 자신의 의지와 무관하게 그 정도나 양을 조절하는 것 역시 불가능한 독을 삼키기 일쑤입니다. 삶의 독 맛은 필연적이고 불가피한 맛인 만큼 모두에게 평등하게 강제되며, 그렇기 때문에 복어 독과는 다른 의미에서 근본적인 동시에 치명적입니다. 이처럼 삶이 독을 건네는 방식은 친절한 원칙주의자인 로산진보다 제멋대로고 폭력적인 공민우를 닮았습니다.

아직 삼켜야 할 독이 많이 남았다

마지막으로 「사는 맛」을 경유해 도달할 수 있는 사유의 한 지점을 간략히 언급하고자 합니다. '전부' 혹은 '온전함'에 가닿기 위해 필요한 '독 맛의 경험의 또 다른 형태'가 바로 그것입니다. 이 독 맛의 경험은 자아의 안위를 위협한다는 점에서 시가 말하는 사는 맛과 비슷합니다. 그러나 자신의 의지와 상관없이 모두에게 똑같이 들이닥치는 강제가 아니고 오히려 독을 받아들이라는 적극적 결단을 전제한다는 점에서는 미식가의 실천과 유사합니다. 다만 미식가의 실천이 심미적으로 탁월한 인간이라는 자아상을 강화하는 데 기여하는 것과 달리 이 또 다른 형태의 독 맛의 경험을 감수하겠다는 결단은 자아의 파괴와 재구성을 야기합니다.

'새로운 것'의 모습을 띤 진리를 향한 헌신이 그렇습니다. 타자를 환대하기, 자아가 하찮아지는 것을 마다하지 않는 윤리적 결정과 쾌락의 재정의와 이념 속에서 한 차례 죽고 다시 태어나기를 거듭하는 일, 시 한 편을 위해 대상과 언어 그리고 익숙한 언어와 생경한 언어 사이의 근원적 불화를 견디며 말의 전개를 계속하는 작업 등…. 이 전부는 사소해서 무의미하거나 이질적이기에 불온하다고 치부되던 부분들을 전면에 서게 해서 세계의 전부를 드러내기 위한 시도입니다. 세계의 전부를 향한 열정 외의 어떤 동기로도 해명되지 않는 자기 파괴를 무릅씀으로써 인간은 동물의 한 종도, 통제가 가능한 위험에 몰두하는 쾌락주의 자도, 주어진 사회적 관계에 단순히 속박된 개인도 아닌 그 이상의 무언가가 됩니다.

3부 후주

1 이형주·임수빈, 『이동동물원 실태조사 보고서』, (사)동물복지문제연구소 어웨어, 2019, 46쪽 참조와 인용.
2 '자연으로부터의 해방이자 추방'에 대한 자세한 내용은 4부 4장 「취미 원예론 (3): 자연스러움을 곁들인 문명의 안쪽에서」에서 다뤘습니다.
3 즉 아우라^{aura}. 발터 벤야민, 『발터 벤야민의 문예이론』, 반성완 편역, 민음사, 1983, 200~201쪽 참조.
4 자연으로부터의 해방이자 추방이라는 주제와 이론과 실천의 연결을 반복하며 지속하는 과정으로서의 '기르기'에 대한 자세한 내용은 4부 3장 「취미 원예론 (2): 꺾여도 괜찮은 마음에 더해 숙련하기」와 4장 「취미 원예론 (3): 자연스러움을 곁들인 문명의 안쪽에서」에서 각각 다뤘습니다.
5 '숙련'에 대한 자세한 내용은 4부 3장 「취미 원예론 (2): 꺾여도 괜찮은 마음에 더해 숙련하기」에서 다뤘습니다.
6 2023년 3월경 〈오사카에 사는 사람들 TV〉는 부동산 업체 오너즈 플래닝과 법인을 분리했습니다. 현재는 오사카와 인근 지역의 여행지, 향토 음식, 맛집, 일본 문화 등을 소개하는 독립 유튜브 채널로 운영합니다.
7 「하인스 워드, '검은 한국인' 슈퍼볼무대 서다」, 『경향신문』, 2006. 1. 23.
8 「뉴스의 인물: 하인스 워드, 美 슈퍼볼 MVP」, 『월간조선』, 2006. 3.
9 「'자퇴생' 허준이 교수, 한국인 최초로 '수학계 노벨상' 필즈상 수상」, 『뉴데일리』, 2022. 7. 5. 「"대학 4학년 때 뒤늦게 길 찾아 … 수학은 나의 한계 이해하는 과정"」, 『매일경제』, 2022. 7. 5.
10 「"한국 수학계 쾌거" … 허준이 필즈상에 축하 잇따라」, 『연합뉴스』, 2022. 7. 5.
11 「"국제결혼 가정 자녀는 한국인" 36% → 17% 오히려 줄었다」, 『중앙일보』, 2020. 7. 6.
12 마선생, 「그 많던 픽업 아티스트들은 다 어디로 가버렸을까?」, 브런치스토리, 2017. 7. 15.

13 「아무튼, 주말: "그 남자를 갖고 싶나요?" 연애 코치 '픽업 아티스트' 여성 시대」, 『조선일보』, 2019. 3. 2.
14 대중매체가 보여주는 착하고, 여성에게 호의를 베풀고, 순애보를 지키는 남성을 가리키는 말입니다. 메이스아카데미, 〈연애스쿨: 남자의 기술〉, 제1강 'OOO이 나쁜 남자의 핵심 요소다'. http://www.love-school.co.kr/lecture_view.php?LectureStep1=7&LectureSeq=9
15 메이스아카데미, 〈연애스쿨: 남자의 기술〉, 제5-1강 '모쏠이 뭘 해도 절대 안 되는 이유'. http://www.love-school.co.kr/lecture_view.php?LectureStep1=7&LectureSeq=9
16 이든 리, 『픽업 아티스트 연애 관계 매력 계발 표준 지침서: 어트랙션 크리테리아』, IMF, 2017, 15쪽.
17 미스터리, 『미스터리 메써드』, 14차원엔터프라이즈, 2012. 픽업 아트의 관련 용어 참조.
18 「세덕셔니스트: 픽업 아티스트 (상), 제프리스와 디안젤로」, 『헤럴드POP』, 2014. 8. 22.
19 Dating game turns ugly, The Guardian, 2000. 1. 6.
20 「세덕셔니스트: 픽업 아티스트 (중), '위대한 PUA' 미스터리」, 『헤럴드POP』, 2014. 9. 5.
21 The surprising science of alpha males: Frans de Waal, TED, 2018. 7. 9. https://youtu.be/BPsSKKL8N0s
22 「세덕셔니스트: 진화심리학 (하), 인문학을 침범한 자연과학」, 『헤럴드POP』, 2014. 10. 24.
23 Kenshin, 『픽업 아티스트 연애의 기술』, 책과나무, 2014. 박민혁, 『여자를 꼬시는 기술, 한량술 1』, 리더스펍, 2013. 두 책의 저자 소개에서 발췌.
24 미라클앤건의 공지 게시판과 픽업 트레이너 정건도의 TENTA 게시판에서 발췌.
25 앞의 사례는 미라클앤건의 유튜브 채널 〈미건TV〉의 영상 썸네일에서 발췌. 뒤의 사례는 픽업 아트 커뮤니티 IMF에서 활동했던 픽업 아티스트 마스터 킬의 유튜브 채널 〈마픽스 리얼라이프스타일〉의 영상 썸네일에서 발췌.
26 연애 컨설팅 업체 레이커즈의 웹사이트 http://rakers.co.kr/와 레이커즈의 블로그 https://blog.naver.com/rakers_11의 홍보 문구 참조와 인용.
27 에리히 프롬, 『사랑의 기술』, 황문수 옮김, 문예출판사, 1976, 92~95쪽 참조.
28 "기술"은 에리히 프롬, 앞의 책, 13~19쪽 참조. "미지의 무엇을 지속하려는 욕망"과 "재발명"은 알랭 바디우, 『사랑 예찬』, 조재룡 옮김, 길, 2010, 44쪽 참조.
29 「돈도 시간도 없는 N포 세대의 사랑」, 『연합뉴스』, 2017. 1. 2.

30 한병철, 『리추얼의 종말』, 전대호 옮김, 김영사, 2021, 33쪽. "외관Schein"과 "진짜 Echtheit"에 관한 논의 참조.
31 이졸데 카림, 『나르시시즘의 고통』, 신동화 옮김, 민음사, 2024, 42쪽 참조와 인용.
32 Sigmund Freud·Joyce Crick, *The Joke and Its Relation to The Unconscious*, Penguin Classics, 2003, pp.43~46, pp.72~77 참조.
33 이졸데 카림, 앞의 책, 43쪽.
34 이졸데 카림, 앞의 책, 45~47쪽 참조.
35 한병철. 앞의 책, 27~30쪽 참조와 인용.
36 에리히 프롬, 앞의 책, 100쪽.
37 에리히 프롬, 앞의 책, 37쪽.
38 알랭 바디우, 앞의 책, 147쪽.
39 에리히 프롬, 앞의 책, 96쪽.
40 "둘의 무대la scène du Deux의 건설"은 알랭 바디우, 앞의 책, 158쪽 참조. "각자에게 각자의 특성을 허용하고 자신의 통합성을 유지한 상태로 행하는 활동"은 에리히 프롬, 앞의 책, 40쪽 참조.
41 알랭 바디우, 앞의 책, 159쪽.
42 서용순, 「비-관계의 관계로서의 사랑: 라깡과 바디우」, 『현대정신분석』, 제10권 1호, 한국현대정신분석학회, 2008, 98쪽.
43 서용순, 앞의 논문, 99쪽.
44 알랭 바디우, 앞의 책, 162쪽.
45 에리히 프롬, 앞의 책, 46쪽.
46 에리히 프롬, 앞의 책, 127~128쪽 참조.
47 「복어의 독을 남겨 달라고?」, 『헬스조선』, 2006. 2. 21.
48 허영만, 「죽음과 맞바꾸는 맛」, 『식객』, 제8권, 김영사, 2004.
49 「요리라는 이름의 예술: 로산진의 미식론」, 『한겨레』, 2019. 2. 15.
50 기타오지 로산진, 『무타협 미식가』, 김유 옮김, 허클베리북스, 2019. 앞의 구절은 125쪽 참조. 뒤의 구절은 168쪽 참조.
51 정일근, 「사는 맛」, 『착하게 낡은 것의 영혼』, 시학, 2006, 42쪽.

4부
일상과 생활 양식의 조각들

1. 여행, 좋아하세요?

잠깐 탈출할 결심

2022년 5월, 2박 3일 동안 제주도에 머물렀습니다. 출장은 자주 다녔지만 '업무와 무관한 여행'은 실로 오랜만이었습니다. 햇수로 4년 만인가 5년 만인가…. 그렇지만 벼르던 일은 아니었습니다. 제가 여행을 즐기지 않기 때문입니다. "귀찮고 힘들게 먼 데까지 가서 다니며 뭘 보고 먹고 해야 하는 걸까? 그렇게 해야만 비로소 손에 넣을 수 있는 특별함이 대체 무엇이기에? 풍경은 고화질 영상으로 보면 더 잘 보이고 동네에서도 웬만한 음식은 다 먹을 수 있잖아."라는 식의 회의가 확고한 나머지 여행을 향한 동경이 씩틀 여지가 없었나 봅니다.

그러나 저 무렵 글쓰기의 효율이 눈에 띄게 떨어졌으며 무엇을 하든 예전과 동일한 수준의 집중력을 발휘하거나 감흥을 느끼기 어려움을 통감했고, 이러한 문제들의 해결법을 찾던 중

'여행=힐링'이라는 통념적 도식에 희망을 걸어보기로 했습니다. 여행을 즐기지도 않고 '힐링 담론'도 불신하지만 어쩌면 전혀 눈길을 주지 않던 곳에 답이 있을지도 모를 일이라 생각했습니다. 해야 하는 일이 가득한 현실을 잠시 벗어나기, 삶의 중간에 쉼표 하나를 배치하기, 그 쉼표의 덕을 봐 다시 돌아왔을 때에는 일의 효율과 집중력과 외부 자극에 대한 민감성 모두를 회복하기가 이례적으로 감행한 '힐링 여행'에 걸었던 기대입니다.

여행은 자지 않고 꾸는 꿈일지도

제주도에서 보낸 3일은 즐거운 시간이었습니다. 여미지식물원의 다양한 초목이 보기에 아름답고 멋지게 정돈해 놓은 야외 정원들은 천천히 거닐며 다니기 편했습니다. 색달해수욕장은 밤에는 와인을 마시고, 다음 날 낮에는 열심히 서핑을 배우는 사람들에게 무심한 시선을 고정한 채 멍을 때리기 좋은 바다였습니다. 같은 제주의 바다라도 애월의 그것은 또 달랐습니다. 검은 갯바위가 넓게 분포하고 파도가 적당한 덕에 비옥한 밭을 연상하게 만드는 바다였습니다. 분명 저 안에 다양한 해양 생물이 살고 있으리라 상상했습니다.

사흘 동안 하루 세끼를 부족함 없이, 이에 더해 간식까지 마음 내키는 대로 먹었습니다. 딱 죽지 않을 정도만 음식을 섭취하던 평소 식습관에 비춰보면 이는 정말 별난 일이었습니다. 첫날

저녁에 활어회를, 마지막 날 점심에는 해녀의 집에서 뿔소라, 돌멍게, 해물라면을 즐겼습니다. 나머지 끼니는 요리의 종류와 식당을 고름에 향토색이나 유명세에 연연하지 않고 행선지에서 가까운 선택지 중 괜찮아 보이는 곳이 있으면 그냥 들어가 해결했습니다. 그래도 굉장히 만족스러웠습니다.

여행은 즐거움과 함께 곤경도 제공합니다. 일차적 곤경은 여행이 곧 생소한 상황에 진입하는 일이라는 점에서 비롯합니다. 자기 영역을 벗어난 동물이 안절부절못하는 혹은 '루틴'을 철저하게 지키던 운동선수가 그것을 금지 당하고 공황에 빠지는 것과 비슷한 형국에 처한 것입니다. 온갖 사물이 익숙한 질서에 따라 배치된 일상의 공간이 아닌 장소에서 무언가를 한다는 것은 그것이 씻고 머리를 말린 후 화장하는 등의 사소한 일이든 그보다 복잡한 일이든 평소보다 몇 곱절 많은 정신적 에너지의 사용을 요구했습니다. 당연히 이는 사전에 예상한 바였습니다.

생소함이 야기하는 당혹감을 적절히 처리하려는 노력은 되도록 상세하게 여행을 계획하는 행위로 나타났습니다. 최초 기획 단계에서 무계획이 가장 아름다운 계획임을 명심하자고 다짐했던 일이 무색하게 제주도로 출발할 날이 임박하자 분 단위로 정리한 일별 일정과 최단 거리의 이동 경로를 포함한 계획표가 부지불식간에 완성되었습니다. 다만 자잘한 우발적 사건들은 기꺼이 수용했습니다. 갑자기 내리기 시작한 비를 한 시간 넘게 맞으며 방황하기, 길을 잃어도 어떻게든 목적지에 도달할 것을 믿으며 직진만 하기…. 막상 겪어보니 그럭저럭 괜찮은 경험이었습니다. 하루를 마무리하며 그날의 즐거움을 복기할 때면 우발적으로 일어난 일에 관한 기억들이 제일 먼저 떠올랐습니다.

두 번째 곤경은 여행이 평시 한가운데의, 잠시간의 예외적 상황으로만 성립이 가능하다는 사실에서 생겨납니다. 앞서 여행을 '하나의 쉼표'에 비유한 바 있습니다. 쉼표는 아주 잠깐 동안의 휴지(休止)를 도입함으로써 그러한 중단의 순간을 내포하는 문장의 연속을 암시합니다. 마찬가지로 여행은 그것이 끝나면 되돌아가야 할 본래의 자리와 일 그리고 일상을 전제로 삼는, 그것들이 있기에 성립하는 행위입니다. 그래서 잠시 어딘가로 떠나왔다 한들 일상에 남겨 둔 일과 문제들은 그대로거나 진전 중일 테고 이에 대한 생각을 완전히 떨치기 어렵습니다.

이 지점에서 하등 쓸데없는 동시에 강력한 불안이 싹틉니다. "따지고 보면 해야 할 일을 방치한 채 그로부터 도피하고 있는 것 아닐까? 모레 귀가하면 발생한 시점에 즉각적으로 처리했어야 할 일들이 적당한 때를 놓친 탓에 더욱 복잡한 문제로 변해 차곡차곡 쌓여 나를 기다리고 있지는 않을까? 아니야, 그만 생각하자. 이러면 기껏 감행한 여행이 무의미하잖아. 여기서 일하는 것도 웃기고, 마음이 편하지 않아 제대로 놀고 쉬지 못한다면 사흘을 낭비하는 꼴이야. 두고 온 일들에 대한 생각을 멈추자. 두고 온 일들에 대한 생각을 멈추자는 생각을 멈추자." 이렇게 되고야 마는 것입니다.

안타깝게도 동행인은 둘째 날 아침에 실수로 직장의 단톡방을 봐버렸고 중요한 행사 일정이 임박했음에도 다른 담당자들이 넋을 놓고 있음을 알아차렸습니다. 그는 한 시간 정도 어두운 낯빛을 한 채 단톡방에서의 의사소통을 주도하며 업무를 볼 수밖에 없었습니다. 1부 1장「언젠가는 꼭 '단톡방' free life」에서도 이야기했듯 단톡방이 나쁩니다. 제 경우에는 2박 3일 내내 글감을 찾아내겠다며 안달이 나 있었습니다. 돌아와 해야 할 일인 글쓰기에 유용할 무언가를 얻어야만 모처럼 결심한 이 여행의 쓸모가 증명된다는 강박 관념에 사로잡혔나 봅니다.

비록 몸이 먼 곳으로 옮겨 오더라도 우리의 일부는 원래 있던 곳에 잠시 미뤄 둔 것들과 함께 남습니다. 그렇지만 이러한 진실이 여행이라는 시도의 의의를 심각하게 훼손하는 것은 아닙니다. 게다가 일상으로 복귀할 때 남겨졌던 우리의 일부는 여행 이전의 리듬을 회복하고 적응하는 과정에 도움을 주기도 합니다. 여행은 내일을 살기 위해 자는 잠에 딸린 꿈과 유사합니다. 꿈과 같이 일시적이고 또 꿈과 같은 방식으로 곤경까지 포함하는 즐거움을 건넵니다.

여행하지 않아도 여행하듯
귀가한 다음 날, 2박 3일 동안의 일탈을 간추리는 차원에서 오랜만에 알랭 드 보통의『여행의 기술』을 다시 읽었습니다. 이 책에서 알랭 드 보통은 어딘가로 떠난다는 사실 자체가 불러일으키는 기대, 공항이나 휴게소처럼 이동을 위해 잠깐 머무는 공간 특유의 분위기, 이국적인 것들을 감각하고 인식하는 일의 효과, 존재들의 특성과 우리 내부의 선을 암시하는 자연, 아름다움을 소유하는 여러 방법 등을 경유해 여행의 가치를 이야기합니다. 물론 이 '여행의 가치'에 관한 이야기의 내용이 단순히 여행을 상찬하며 강력히 권하는 데 그치는 것은 아닙니다.

오히려 그는 지루한 장거리 이동, 형편없는 식사, 지저분한 거리와 경관을 해치는 광고판처럼 "주의를 산만하게 하는 보푸라기로 가득한 현재"[1]가 제거할 수 없는 한 부분으로서 여행 안에 공존하기 때문에 출발하기 전에 상상하고 기대했던 바와 영 딴판이거나 미처 생각하지 못한 상황을 마주하는 것이 예사고 여기에 여행의 묘한 의미가 깃들어 있음을 강조합니다. 사회적 관습과 개인의 습관에 순응한 끝에 다다른 무심의 상태, 즉 타성에 젖어 익숙한 방식으로 보고 감각하며 생각하는 식의 기계적 반응을 중지하는 강제들을 연달아 눈앞에 들이미는 여행은 우리의 내면에 작고 희미한 새로움의 흔적을 남깁니다. 여행이 한시적 경험이므로 새로움의 흔적을 어떻게 보존하고 다룰 것인가는 일상으로 복귀한 이후의 과제로 남습니다.

『여행의 기술』이 제시하는 여행의 가장 근본적 가치, 그러니까 여행이 호기심을 다시 점화하고 익숙한 것으로 치부해버렸던 대상을 낯설게 보는 지적 절차의 철학적이거나 문학적이거나 정치적인 비유로 기능할 수 있다는 점에 마음이 끌립니다. 현실에서 영속적으로 해방된 것도, 그렇다고 해서 현실에 의해 완전히 지배 당하는 것도 아닌 모호함에 기꺼이 처하는 일 그리고 그러한 모호함을 삶 속에 반복해 배치하고 견디려는 의지는 몹시 인간적 역량에 해당하기 때문입니다. 일부러 여행하지 않아도 우리의 삶 속에 자주 '여행의 순간'들이 있기를 바랍니다.

2. 취미 원예론 (1): 취미란 무용해서 취미인 것

집구석 원예의 세계에 잘 오셨습니다

누군가 취미를 묻는다면 독서를 첫손으로 꼽던 시절도 있었습니다. 그러나 읽고 쓰는 일을 업으로 삼자 그것이 불가능해졌습니다. 취미란 '전문적으로 하는 것이 아니라 즐기기 위해 하는 일'입니다. 한데 직업으로서의 읽기를 수행할 때에는 "과연 정확하게 이해하며 읽고 있는가?"라는 의문이 들어 매 순간 신경이 곤두섭니다. 그러다 보면 책을 읽는 행위가 마냥 신나고 즐거울 수만은 없습니다. 그렇게 상당한 기간을 취미가 없는 사람으로 지낸 끝에 현재는 식물을 기르고 있습니다. 말하자면 '집구석 원예' 중인 것입니다. 처음 식물을 샀던 날부터 세면 올해로 7년째에 접어드는 까닭에 제 집구석 원예의 역사도 제법 유구해 보입니다만 '제대로' 기르기 시작한 지는 3년이 조금 넘었으니 실상 입문자 단계를 막 벗어난 초보라 해야 맞을 것입니다.

어린 시절의 기억을 더듬어보면 그때도 집집마다 관음죽이니 벤자민이니 하는 식물들이 하나둘씩 있었습니다. 대개 집들이 선물로 들어온 식물이었고 이를 베란다나 거실 한쪽에 둔 후 방치하듯 기르는, 좀 더 정확히는 기르듯 방치하는 것이 예사였습니다. 이러한 '식물 두기'는 자신의 공간에 자기가 고른 식물을 들여 이를 가꾸는 행위 자체에 의미를 부여하고 기꺼이 시간과 역량을 할애하는 '취미로서의 실내 원예'와 다릅니다. 취미로서의 실내 원예의 개념은 2010년대 중반쯤 구체화된 것으로 보입니다. 이 무렵부터 여러 매체에서 "플랜테리어"와 "반려식물"이라는 용어를 쓰며 기르기 쉬운 식물을 추천하고 기초적 관리 요령을 소개하기 시작했습니다. 그리고 코로나 팬데믹을 계기로 다시 한번 실내 원예에 관심을 가지거나 실제로 즐기는 인구가 눈에 띄게 늘었[2]습니다.

식물을 기르려는, 아니면 길러야 하는 이유?

과거의 취미 원예는 동네 꽃집에서 취급하는 스킨답서스, 스파티필룸, 아이비 등을 중심으로 돌아갔습니다. 직접 꽃집에 방문해 무엇이 있는지 본 다음 마음에 드는 품목을 사 와서 기르는 식이었습니다. 최근에는 온라인 쇼핑과 택배의 발달 덕에 동네 꽃집에 있는 것과는 비교조차 할 수 없을 정도로 다양한 품종과 가격대의 식물을 집에서 편하게 구경한 후 익일에, 심지어 당일에 택배로 수령할 수 있게 되었습니다. 때로는 수요가 공급을 이끌고, 때로는 공급이 수요를 창출하는 와중에 실내 원예 시장은 더욱 많은 식물과 원예 용품의 소비를 촉진하는 데 유용한 몇 가지 전략을 구사합니다. 실내 원예가 현대인의 소중한 양대 자원인 돈과 시간을 써서 고작 즐거움을 얻는 단순한 취미 생활에 그치지 않고 여러 현실적 효율과 이점까지 담보한다는 '설득의 수사'들이 그것입니다.

가장 대표적 수사는 '공기 정화와 습도 조절 효과의 강조'입니다. 식물이 잎을 통해 포름알데히드, 일산화탄소, 암모니아 등의 오염 물질을 흡수하고 수증기를 방출해 실내 대기의 질을 좋게 만든다는 것입니다. 거의 모든 온라인 식물 쇼핑몰이 '공기 정화 식물'이라는 카테고리를 따로 두고 있습니다. 미세 먼지 때문인 기관지 건강의 악화와 새집 증후군을 우려하는 사람이 많아서 이 전략은 꽤 효과적입니다. "공기 정화 식물의 탁월한 능력이 과학적 연구 결과에 의해 검증되었다."는 설명이 해당 수사에 공신력을 더합니다. 제일 많이 인용되는 문건은 미국항공우주국 NASA의 실험 보고서[3]입니다. 또한 2019년에는 농촌진흥청 국립원예특작과학원의 초미세 먼지 제거 능력 실험에서 '파키라'라는 식물이 1위를 차지했다는 사실이 널리 알려지며 온라인 식물 쇼핑몰과 동네 꽃집을 가릴 것 없이 파키라가 한동안 품귀 현상을 빚는 일도 있었습니다.

공기 정화 식물이라는 분류와 그 효과는 원론적으로는 맞고,

실질적으로는 다소 맞지 않는 이야기입니다. 일단 공기 정화 식물이 따로 있는 것이 아닙니다. 인간이라면 누구나 숨을 쉬듯 식물이라면 전부 광합성과 증산 작용을 합니다. 잎의 기공으로 휘발성 유기 화합물을 흡수해 이를 대사에 활용하고 분해하는 능력은 모든 식물의 공통적 특성입니다. 식물의 공기 정화 능력을 검증한 연구들에 대한 비판적 독해 역시 필요합니다. 저 유명한 미국항공우주국의 보고서는 지금으로부터 36년 전인 1989년에 작성되었으며 우주 정거장처럼 완벽히 밀폐된 공간을 전제로 온갖 변인을 통제한 채 이루어진 실험의 결과이기에 이를 곧장 일상적 생활 공간의 경우에 대입하기는 어렵습니다. 여러 후속 연구가 화분 속 식물이 사무실이나 가정의 실내 대기 질의 개선에 기여하는 정도가 미미하거나 불확실하다는 결론[4]을 내린 바 있습니다. 하지만 여전히 취미로서의 실내 원예를 추천하고 그 의미를 찾는 발화들 속에서 거듭 인용되는 것은 미국항공우주국의 실험 결과뿐입니다.

평당 식물이 16.2개는 있어야 그나마 공기 정화 효과를 기대해볼 만합니다. 예를 들어 집이 15평이라면 식물을 243개 이상은 길러야 한다는 뜻입니다. 이쯤 되면 사실상 식물원이지 주거 공간이 아닙니다. 물론 완전히 밀폐된 실험용 측정실과 달리 집에서는 수시로 창문과 출입문을 여닫으니 이조차도 단순한 산술적 추정일 따름입니다.

습도 조절 효과는 우리의 눈으로도 직접 확인할 수 있습니다. 제가 작업 공간으로 쓰는 방에만 크고 작은 화분이 17개 있습니다. 그럼에도 비나 눈이 내리는 날을 제외하면 습도계의 수치는 늘 25% 언저리에 머무릅니다. 오히려 공중 습도에 예민한 건조한 환경에서는 잎이 마르는 식물들을 위해 가습기를 구매하는 것이 실내 원예에 깊이 심취한 이들의 실상입니다. 저도 평생을 가습기 없이 살다 식물에 좋으라고 하나 장만했습니다.

식물의 공기 정화와 습도 조절 효과를 강조하는 담화와 그것이 확산되고 수용되는 과정 속에는 가장 중요한 진실에 관한 고려가 부재합니다. 오염 물질을 흡수하는 일과 수증기를 내뿜는 일 모두는 식물이 활발하게 대사 작용을 한다는, 즉 적합한 환경에서 알맞은 관리를 받으며 무탈하게 자라고 있다는 것을 전제로 한다는 진실 말입니다. 요컨대 소소한 수준의 식물이 주는 현실적 효율과 이점이 있다면 이는 식물을 들임으로써 자동으로 성립하는 결과가 아니라 원예를 꾸준한 취미로 삼다 보면 따라오는 부수적 효과에 지나지 않습니다. 식물을 243개 사는 데 드는 돈과 그것들이 양호한 성장세를 유지할 수 있게끔 관리하는 데 들일 공을 생각하면 그냥 공기청정기와 가습기를 사는 편이 낫습니다. 플랜테리어 측면에서 봐도 마찬가지입니다. 아름다운 식물은 건강한 식물입니다.

무용함이 곧 유용함이라는 역설

공기 정화 식물이니 천연 가습기로서의 식물이니 하는 말들이 더 많은 수요를 창출하기 위한 공급자들의 과대 광고이자 기만이라는 식의 고발을 하려는 것은 아닙니다. 앞서 살펴봤듯 판촉의 언어는 과학과 정책적 연구의 언어를 차용합니다. 판매자가 아닌 식물 소비자 혹은 애호가로서 실내 원예를 다루는 블로그나 유튜브 채널들도 "NASA가 인정한 미세 먼지 잡는 식물 top 10", "일석이조, 플랜테리어에 안성맞춤인 공기 정화 식물 추천"과 같은 제목의 콘텐츠를 제작해 업로드하고 있습니다. 조회 수가 잘 나오기 때문입니다.

취미로서의 실내 원예를 둘러싼 일련의 담화와 장면들이 드러내는 것은 일종의 '효능과 효과의 추구 경향'입니다. 이 경향의 유사 과학적 변형에는 '선인장의 전자파 흡수와 차단 효과'가, 미신적 변형에는 '돈 들어오는 식물 금전수', '행운을 부르는 식물 녹보수', '풍수지리상 현관에 두면 복이 오는 식물' 등이 있습니다. 밥 한 끼를 먹을 때조차 식재료의 효능과 효과를 찾고자 하는 것과 동일한 정신적 작용이 식물을 기르는 일에도 똑같이 개입합니다.

식물은 그냥 식물입니다. 식물, 그러니까 풀때기 주제에 실내 환경, 인간의 건강, 더 나아가 운세와 운명을 좌우하는 전능을 가졌을 리가 없습니다. "그럼 풀때기 그거, 키워서 뭐에 쓰냐?"고 묻는다면 사실 아무짝에도 '쓸모'는 없습니다. "그냥 들이고 놓았더니 보기에 좋다.", "있으니 없을 때보다 즐겁다."라는 정도입니다. 딱히 얻는 것 없이 멍하니 쳐다보고, 그렇게 쓸모없는 풀때기를 위해 물 주기니 분갈이니 하는 쓸모없는 행위들을 하고 있자면 무엇도 염두에 두지 않은 채 부질없이 시간을 보낼 수 있습니다. 이것이 바로 '쓸모없음의 쓸모'입니다. 우리는 365일 24시간 생산성과 효율성의 제고를 꾀하며 무엇을 하든 쓸모에 집중하라는 세계의 명령 아래에서 살아갑니다. 바로 그 명령에 저항하는 차원에서 삶 속에 무용함을 받아들이는 순간들을 배치하는, 그로써 무용함이 곧 유용함이 되는 역설에 스스로를 맡기는 순간이 있어야 합니다. 취미란 그런 것입니다.

3. 취미 원예론 (2): 꺾여도 괜찮은 마음에 더해 숙련하기

비록 죽음도 자연스러운 일이라지만

누군가 개업하면 축하의 의미로 화초를 보내는 문화가 있습니다. 식당, 카페, 미용실, 부동산, 병원 등의 영업장에 놓인 식물들은 보통 개업 축하 화분이었던 것이며 또 상당히 높은 확률로 잎이 누렇게 떴거나 해충이 우글대거나 어딘가가 썩지 않았으면 말라비틀어져 있습니다. 일부러 생명력이 강하고 관리가 편하기로 유명한 금전수, 고무나무, 스투키 등의 식물 품종을 선별해 심었는데도 들어온 날 이래로 꾸준히 상태가 나빠진 끝에 흉물로 전락해 처치하기 곤란한 대형 폐기물이 되고 마는 것이 개업 축하 화분이 피할 수 없는 일반적 운명입니다. 때가 되면 스러지는 것이 생명이고 삶과 똑같이 죽음도 자연스러운 일이라지만 개업 축하 화분 속 식물들은 너무 빨리, 자주, 많이 죽습니다.

    개업 축하 화분에 비할 바는 아니지만 플랜테리어나 반려식물 역시 비슷한 운명에 처합니다. '너를 죽일 거야. 온갖 고통 끝에 비참한 꼴로 죽게 만들고 말 테야.'라는 마음가짐으로 식물을 대하는 사람은 없습니다. 남에게 받았든 자신이 샀든 일단 식물이 생기면 그 싱그러운 모습을 유지하면서 잘 기르고 싶다는 욕심이 생기기 마련입니다. 실제로도 틈나면 들여다보고 식물 영양제를 사다 꽂는 등 많은 공을 들입니다. 그럼에도 원예 커뮤니티 게시판에는 오늘내일하는 식물 때문에 상심한 사람들, 특히 실내 원예에 막 손댄 입문자들의 하소연이 빈번히 올라옵니다. 모두가 "대체 왜 이러는지 모르겠어요."라며 당혹감을 표현합니다.

숙련이란 지식, 수행, 반성의 반복을 통한 자기화

원예가 좋은 취미인 이유는 그것이 우리로 하여금 '숙련'이라는 주제를 찬찬히 탐구할 수 있도록 이끄는 선명한 단계들을 제공하기 때문입니다. 동일한 행위를 반복하다 보면 자연스럽게 증진되며 그렇게 신체적 영역에 스미는 것이 곧 숙련이라 여기기 쉽지만 실상 그 원리와 특성은 훨씬 복잡하고 다면적입니다. 숙련에는 크게 세 가지 단계가 관여합니다. 첫 번째 단계는 이론적 앎의 습득입니다. 식물의 대사와 생장에 영향을 미치는 여러 요소와 그것 사이의 상관관계가 기본 이론에, 각 식물의 생물학적 분류를 비롯해 원산지에 따른 환경 조건과 이를 조성하기 위한 기법 등이 심화 이론에 해당합니다. 두 번째 단계는 실천입니다.

실천은 이론에 관한 앎을 대상에 적용하는 행위로 추상적 보편 담론과 구체적 현실 사이의 관계를 파악하는 것을 목표로 합니다. 이론적 앎의 습득 그리고 습득한 지식을 현실에 도입하는 의식적이고도 적극적인 행위로서의 실천을 거쳐 도달하는 세 번째 단계는 자기화입니다. 각 단계를 되풀이하는 와중에 숙련이 쌓입니다.

제 첫 식물에 대한 기억을 떠올려봅니다. 화원 앞을 지나다 작은 나무 같은 생김새에 흰 꽃을 단 식물에 끌려 사기로 결정하고 화원 주인에게 분갈이까지 부탁했습니다. 반질반질한 청자색 도자기 화분에 옮겨 심고 나니 식물이 한층 더 예뻐 보여 흡족했습니다. 주인에게 "이거 이름이 뭐예요? 며칠에 한 번씩 물을 주면 되나요?"라고 물었더니 "오렌지 재스민인데요. 물은 닷새에 한 번 주세요."라는 답변을 받았습니다. 알아야 할 것을 모두 알았다고 생각했습니다. 귀가 후 '오렌지 재스민, 물=5일마다'라고 적은 이름표를 화분에 꽂아 실내 가장 안쪽의 진열장 위에 놓았습니다. 그 공간이 마침 허전했을 뿐 별다른 이유가 있었던 것은 아닙니다. 반음지에서 잘 자란다는 말을 들은 터라 딱 좋은 위치라 여겼습니다. 날짜를 거르지 않고 성실하게 물을 줬습니다. 한데 오렌지 재스민은 얼마 지나지 않아 잎을 전부 떨구었습니다. 그리고 한 달 만에 죽었습니다.

실패를 두어 번 더 경험한 후 원예학 개론서를 보기 시작했습니다. 식물의 대사와 생장은 햇빛, 이산화탄소, 뿌리를 통해 공급 받은 수분을 두루 소모하는 과정입니다. 식물이 잘 자라기 위해서는 일차적으로 뿌리의 건강이 중요합니다. 따라서 화분의 흙이 젖고 또 적당한 속도로 마르는 식의 순환을 조성할 필요가 있었습니다. 흙이 항상 축축하다면 뿌리가 숨을 쉬지 못해 썩습니다. 따라서 물을 주는 주기에 신경을 써야 하는 것은 물론이고 애초에 식물을 심을 때 유기질의 상토에 무기질의 마사, 산야초, 펄라이트 등의 부재료를 섞어 전자가 수분을 머금고 영양분을 공급하는 한편 후자는 토양 내에 작은 틈들을 만들어 배수를 돕고 뿌리 쪽의 통기성을 확보하도록 해야 합니다. 또한 햇빛이 강하고 바람이 많이 지나며 대기가 건조할수록 흙이 빨리 마르고 반대로 어둡고 통풍이 잘 안 되고 공중 습도가 높다면 그만큼 흙은 느리게 마릅니다. 이 정도가 식물에 두루 적용되는 원예의 기본 이론입니다.

오렌지 재스민이 죽었을 당시에는 "대체 왜 죽었지?"라며 어이없었지만 이제 무엇이 문제였는지를 압니다. 바로 '과습過濕'입니다. 분갈이할 때 유기질이 풍부하고 입자가 고운 배양토만을 사용하고 넉넉한 크기의 도자기 화분에 식재했기 때문에 흙이 더디게 마를 수밖에 없는 상태였습니다. 게다가 햇빛과 바람이 일절 닿지 않는 자리에 놓고 물까지 열심히 줬으니 밥을 많이 먹어 소화 불량에 걸린 환자에게 무자비한 강제 급여를 한 꼴이었습니다. 해서는 안 될 일만 골라 했으므로 오렌지 재스민의 단명은 당연한 수순이었습니다. 이후로도 개론서의 "겉흙이 마르면 물을 준다."거나 "반음지에 둔다."는 등의 서술이 의미하는 바가 정확히 무엇인지를 깨닫는 데 시간이 걸렸습니다. 겉흙은 흙의 표면만이 아니라 상부부터 3~4cm 정도까지의 흙을 가리키는 개념이라는 사실을, 음지란 컴컴한 곳이 아니라 간접적 태양광이 일정 시간 이상 닿는 장소임을 추가적 이론의 탐색과 시행착오 끝에서야 알게 되었습니다.

시행착오는 이론과 현실을 연결하는 단계인 실천의 한 가지 형태입니다. 예컨대 물을 많이 머금는 흙에 심어 닷새에 한 번씩 물을 주며 기르는 방식은 화원 주인의 구체적 현실, 즉 넉넉한 광량과 상시적 통풍이 보장된 야외에 식물을 놓고 기르는 상황에 대해서만 정합합니다. 지금 아는 바들을 그때도 알았더라면 제 구체적 현실인 베란다가 없는 데다 창문조차 작은 남동향집 실내의 열악한 환경에 맞는 방식을 채택했을 것입니다. 우선 화분은 유약을 바르지 않아 통기성이 우수한 토분 중에서 고르되 그 내부 면적이 심으려는 식물의 뿌리 크기와 비슷한 것을 씁니다. 일반적 관엽 식물이라면 '유기질 7 대 무기질 3'의 흙 배합을 권장합니다만 저희 집에서는 이마저도 부적합합니다. 그래서 무기질 부재료를 50% 섞어 원활한 배수와 산소 공급을 꾀합니다. 유기질 흙을 덜 쓰는 만큼 별도의 비료를 줘야 한다는 점이 다소 귀찮기는 합니다. 그러나 '식물의 사망 원인 1위'로 꼽히는 과습은 예방할 수 있습니다. 화분의 위치도 최대한 햇빛과 바람이 많이 지나는 창문 앞으로 선정해야 합니다.

완결 없는 숙련

초반의 원예가 맹목적 물시중에 지나지 않았다면 이론을 알고 난 후의 원예는 무엇을, 어떻게, 왜 해야 하는지에 관한 이해에 따라 전개하는 지적 활동입니다. 이론의 내용 중 그대로 적용해도 괜찮은 것과 상황에 맞춰 응용해야 할 것을 구별하는 작업, 분갈이, 수분 공급, 가지치기, 농약과 비료 사용의 시점과 방식에 관해 올바른 판단을 내리고 이를 잘 수행하는 일, 원인인 행위와 결과인 식물의 상태 사이의 관계를 면밀히 살피는 일, 수행을 평가하고 반성해 바꿀 것과 유지할 것을 가르는 취사선택 등의 절차를 밟으며 원예는 조금씩 덜 어려운 취미가 됩니다. 실제로 지난 3년 동안 식물을 죽이지 않았습니다. 그렇다고 해서 제가 원예의 달인이 되었을 리는 없습니다. '물 주기 3년'이라는 말이 있습니다. 3년을 채웠지만 저는 여전히 화분 가장자리에 손가락을 꽂아 흙이 마른 정도를 직접 점검합니다. 고수들은 척 보면 안다고 합니다. 그와 같은 숙련의 경지에 이르려면 아직 갈 길이 멉니다. 아마 그 경지에 도달한 후에는 다음의 또 다른 경지를 넘어서야 할 것입니다. 숙련에는 완결이 없습니다.

숙련을 위한 단계들을 거듭 밟아야 하는 경우도 있습니다. 이를테면 기존의 것들과는 다른 생물학적 분류 또는 원산지의 식물을 기르기 시작하는 순간이 이에 해당합니다. 얼마 전 호기롭게 '안스리움 비타리폴리움(이하 비타리폴리움)'을 샀습니다. 은은하게 반짝이는 넥타이처럼 긴 잎이 축축 늘어지는 멋에 혹해

덜컥 들였습니다만 생소한 유형의 식물인 까닭에 조사가 필요했습니다. 비타리폴리움을 기르는 사람들의 블로그와 해외 포럼을 통해 알아본 바 남아메리카 일대가 원산지인 이 식물은 열대우림의 나무에 붙어 공중의 습기와 빗물 속 양분을 흡수하며 살아가는 '착생종'입니다. 생태적 특성을 고려했을 때 뿌리에 공기가 아주 잘 통하고 빛은 은은하되 부족하지 않게 들며 공중 습도가 높은 환경을 조성해야 할 것 같았습니다. 그래서 원예용 목피에 다량의 무기질 재료를 섞고 유기질 흙은 50% 정도만 넣었습니다. 이중창이 달린 창가의 가습기 근처 자리에 놓아 공중 습도가 60% 안팎으로 유지되게끔 했습니다. 그럼에도 초반에 한 차례 과습을 겪어 비타리폴리움을 잃을 뻔했습니다. 현재는 유기질 흙의 비율을 30%로 낮춰 다시 분갈이한 후 관수 주기를 기록하고 분석하는 등 경험을 쌓는 가운데 비타리폴리움에 적합한 수행의 방식을 탐색 중입니다.

어려운 취미가 곧 재미있는 취미

"재미있자고 하는 취미 생활인데 이론이니 실천이니 너무 머리 아프다."고 생각할지도 모르겠습니다. 하지만 아무리 취미 활동일지라도 향상심, 그러니까 더 잘하고 싶은 마음은 따라붙습니다. 그리고 글로 풀어 놓아 복잡해 보일 뿐 막상 해보면 숙련을 지향한다는 것이 감당하지 못할 정도로 머리 아프고 난해한 일만은 아닙니다. 물론 입문자가 초보자로, 초보자가 중급자로, 중급자가 고수로 나아가는 과정에서 직면하는 어려움들은 있습니다. 부족함 없이 키우고 싶은 마음에 매일 물을 줬더니 과습으로 죽는다거나 튼튼한 나무로 쑥쑥 자라라고 비료를 듬뿍 줬더니 뿌리가 녹아 죽는 등 선한 의도로 한 일임에도 그 결과 식물의 생명이 끝장났을 때의 실망과 죄책감 역시 그러한 어려움의 일종입니다. 원예를 그만두는 것도 방법일 수 있습니다. 그렇지 않으면 어려움과 실망, 죄책감을 향상의 계기로 수용하고 계속할 수도 있습니다.

극단적으로 말해 '죽인 만큼 느는 것이 원예'입니다. 그렇지만 지적 역량을 활용해 이론적 지식을 탐색하고 실천하면서 행위와 결과 사이의 관계를 주의 깊게 살핀다면 덜 죽이면서 더 빨리 늘 수 있습니다. 원예를 지속함에 일차적으로 중요한 것은 '꺾여도 괜찮은 마음'일 것입니다. 그 꺾여도 괜찮은 마음이 '숙련에의 의지'를 포함한다면 더할 나위 없이 좋습니다. 원예든 게임이든 운동이든 어려운 구석이 있어야 그만큼 재미도 있습니다.

4. 취미 원예론 (3): 자연스러움을 곁들인 문명의 안쪽에서

자연을 향한 인간의 열정과 욕망: 바이오필리아

플랜테리어에 활용하는 오브제, 아니면 반려하는 친밀한 대상과 같은 분류 이전에 실내 원예에서 식물이 공통적으로 표상하는 무언가가 있다면 그것은 바로 자연입니다. 사람들은 집에 식물을 두고 키움으로써 일상 속으로 자연을 끌어당기고자 하며 그렇게 할 수 있다고 믿습니다. 이러한 욕망이 작동할 때 식물은 대자연의 축소판으로서의, 실내 원예는 자연의 바람직한 특성과 생명력을 도회적 생활 내부로 도입하는 행위로서의 가치를 지닙니다. 인공 대 자연, 도시 대 전원, 억압된 본능 대 본연의 상태, 죽은 문명 대 산 생명, 부정적 현황 대 긍정적 대안 그리고 심미성 측면에서는 회색 콘크리트와 철골의 빈곤함 대 싱그러운 초록과 화려한 꽃의 풍요로움 등으로 다채롭게 분화하는 대립의 도식 위에서 실내 원예의 의미가 결정되고 고정됩니다.

사람들의 욕망을 날쌔게 포착하거나 계발한 후 이를 함축적이고 '트렌디'한 형식의 조어로 재현하는 것은 시장의 특기입니다. 생명을 뜻하는 bio와 사랑을 의미하는 philia가 결합한 "바이오필리아^{biophilia}"는 실내 원예 업계가 2020년대에 접어들어 새롭게 주목하고 애용하는 용어 중 하나입니다. 본래 에리히 프롬의 인간주의적 정신분석의 개념이었던 바이오필리아[5]는 이후 생물학자 에드워드 윌슨에 의해 인류의 진화 과정이 형성한 인간 본연의 생리적, 심리적 경향에 관한 가설로 변용돼 널리 알려졌습니다. 그는 인간이 다른 생명체와 자연에 애착을 느끼는 것은 종種적 본성이며 그렇기 때문에 이 본성을 지키며 자연 속에 다른 생명들과 더불어 있을 때 신체적으로나 정서적으로나 건강할 수 있다는 '보존의 윤리'를 제언했습니다. 이러한 바이오필리아 가설의 취지[6]는 버지니아대학교의 티모시 비틀리 교수를 거쳐 지속 가능성을 염두에 둔 자연 친화적 도시 계획의 방법론으로 발전[7]합니다.

멀어지고 싶지만 가까이 두고 싶기도 한

바이오필릭 실내 원예 또는 실내 원예를 통한 바이오필리아의 추구란 곧 식물을 키움으로써 자연과 공존하는 환경 친화적 삶을 실현할 수 있다는 전망을 표방합니다. 물론 실내 원예에서 이야기하는 바이오필리아의 추구는 어디까지나 집 안 곳곳에 관상용 화초를 심은 화분을 놓거나 베란다에 작은 정원을 만들어 가꾸는 소박한 바이오필릭 인테리어나 바이오필릭 디자인 수준에 머무릅니다. 하지만 '바이오필리아를 위한 실내 원예'라는 기조의 대두와 유행을 보건대 어느덧 취미로서의 실내 원예가 단순한 집 안 꾸미기나 소일거리의 차원을 넘어 한층 더 근본적 삶의 원리와 자세를 좇는 사상적이며 현실적인 대안의 외양을 빌리는 단계에 이르렀음은 사실인 듯합니다.

이 지점에서 한 가지 질문을 제기하려 합니다. "어떻게 하면 바이오필릭 실내 원예를 잘 실행해 삶의 질을 높일 수 있을까?"는 아닙니다. 오히려 긴요한 것은 "실내 원예가 바이오필리아를 목적으로 삼을 때 우리가 실제로 취하게 되는 것은 자연인가? 아니면 자연스러움인가?"와 같은 형식을 띤 물음입니다. 앞의 질문이 실용적 지식을 겨냥한다면, 뒤의 질문은 우리의 욕망과 그것의 구성에 관여하는 조건, 인식, 한계 등에 관한 비평적 접근을 추동합니다. 먼저 수행해야 할 작업은 '실재하는 자연'과 '자연스러움'을 구별해 생각하는 일이며 그러려면 문명과 문화의 전개라는 관점에서 간추린 인간사의 궤적을 한 차례 언급하고 넘어가야 할 것입니다.

오랜 시간 동안 인류에게 자연은 위험 그 자체였습니다. 느리고 약해 잡기 쉬운 사냥감을 노리는 맹수, 독, 건기와 우기, 더위와 추위, 계절에 따라 순환하는 풍요와 결핍의 시기 등 하나의 거대한 위협의 체계인 자연을 상대하기 위해 인간은 독특한 생존과 번성의 전략을 구사했습니다. 보통의 동물들은 자연과의 본원적 유대 안에서 자연의 조화로운 일부로서 존재하며 적응에 실패할 경우 순리대로 절멸합니다. 이와 달리 인간은 지성과 노동력을 투여해 여러 가지 생활 수단이나 보호 장치를 고안하고 생산함으로써 주어진 조건인 자연 환경을 극복하려 했습니다. 이처럼 자연과의 결합 상태가 야기하는 위험과 불편으로부터 인간이 자유로워지고자 애쓰는 와중에 일어난 물질적, 기술적, 집단 구조적 변화를 문명의 발달이라 부릅니다.

자연을 상대한다는 의식은 인간이 "그 자신을 독립된 개체로서 인식할 수 있는 동물"[8]임을 방증합니다. 바꿔 말하자면 인간사는 엄연한 동물의 한 종인 인간이 다른 동물을 포함한 자연 전체를 대상화한 끝에 도출한 고유의 자기 인식과 신념을 극한까지 밀어붙여 온 과정입니다. 결국 인간은 특수한 상황에 처합니다. 분명 스스로의 의지에 따라 문명을 건설함으로써 자연과의 본원적 유대를 깨고 자연으로부터의 자유를 획득했지만 그 결과 소외를 느끼며 "이미 상실해버린 자연과의 동물적 조화를 대신할 새로운 조화"를 필요로 하는, 몹시 독특한 "인간적 상황"[9]을 마주하게 된 것입니다. 이 인간적 상황은 행위의 동기로 작용하는 열정과 욕망을 환기하고 그러한 열정과 욕망은 때때로 문화의 층위에서 현상으로 가시화합니다.

자연으로부터의 자유를 계속 지향하는 문명과 자연과의 재결합을 꿈꾸는 욕망 사이에서 인간은 모순적 상황을 다루고 견디기 위해 거대한 체계인 자연 내부에 독립적인 작은 체계를 구성합니다. 과학 기술의 비약적 발전에 힘입어 인간이 만든 작은 체계들은 이제 그 독립성과 안정성 면에서 완벽에 가까운 수준에 도달했습니다. 살균과 밀폐를 통해 필연적 변질의 숙명에서 식품을 해방시킨 통조림, 비가 오든 눈이 오든 바깥 날씨에 구애받지 않고 쾌적한 나들이를 즐길 수 있는 아케이드 형태의 건축물 등은 모두 인공적인 작은 체계의 사례입니다. 실내 원예의 무대인 집도 그렇습니다. 오늘날 적대적이고 위험하며 불편한 자연은 현대인의 생활 반경과 동떨어진 '저기 어딘가'에 우리가 감지할 수도, 그럴 필요도 없는 무언가로만 존재합니다.

선별적 바이오필리아?

자연으로부터의 해방 혹은 추방 이후 인간이 가까이하기를 원하고 실제로 가까이할 수 있는 것은 자연이 아닌 자연스러움, 즉 자연의 인상, 느낌, 정취입니다. 실재하는 총체로서의 자연 중 인간에게 위험하거나 불편한 부분들을 모두 제거하고 남은 일부만이 애호할 민한 대상이라 인정 받아 인간의 독립적인 작은 세계에 수용됩니다. 이는 자연과의 재결합을 향한 욕망의 몇몇 형식 중 돌이킬 수 없는 방식으로 멀어진 자연 대신 자연스러움을 안전하게 소유하고 관조하려는 경향을 드러냅니다. 게다가 이 취사선택을 가능하게 만드는 전제 조건 역시 문명이라는 역량입니다. 취미로서의 실내 원예의 핵심 목표 또한 자연스러운 분위기와 아름다움을 집 안에 도입하는 것이며 문명의 다양한 자원을 동원함으로써 그 목표를 이룹니다.

일단 플라스틱으로 만든 것이든 도자기로 만든 것이든 화분이 있어야 합니다. 유기물과 무기물의 배합 비율을 달리해 생산되는 상토와 배양토, 펄라이트, 산야초 등의 인공 흙을 구입한 후 적당히 섞어 기르려는 식물의 특성에 맞는 토양 환경을 만듭니다. 실내 식물들은 빗물 대신 수돗물을 마시며 딱 화분 부피만큼의 제한된 영역에 뿌리를 내립니다. 그런즉 일정한 주기로 질소, 인, 칼륨을 비롯한 필수 미량 원소들이 함유된 화학 비료를 줘야 식물이 잘 자랍니다. 해가 짧은 시기에는 식물 전용 LED 조명으로 부족한 빛을 보충하고 가습기와 에어서큘레이터를 돌려 최적의 습도와 통풍 조건을 맞춥니다. 각각의 품목은 여러 회사에서 대량으로 생산하기에 비교적 저렴한 가격으로 구매할 수 있습니다. 우리가 즐겨 기르는 식물 대다수가 품종 개량을 거친 '원예종'으로, 자연의 '원종'과 다르다는 사실도 간과해서는 안 됩니다. 요컨대 실내 원예 자체가 문명의 이기인 화학과 육종학, 전자 기기를 발명하고 생산하는 기술의 발달에 의지하는 행위인 것입니다.

온라인 실내 원예 커뮤니티의 질의응답 게시판에는 "흙을 돈 주고 사야 한다는 것을 이해할 수 없는데요. 그냥 밖에서 퍼다 쓰면 안 되나요?"와 같은 취지의 질문이 종종 올라옵니다. 일단 사유지가 아닌 땅이 드물고 녹지도 적은 도시에서는 흙이 있는 장소를 찾은 다음 이를 퍼서 오는 일이 퍽 수고스럽고 그 흙에 함께 딸려 올 자연의 벌레 유충, 지렁이, 민달팽이, 버섯 포자까지 반려생물로 기꺼이 맞아들일 작정이 아니라면 인공 흙을 사서 쓰는 편이 낫다고 누군가 답변을 답니다. 이를 본 질문자는 곧바로 수긍합니다. 식물이 있으면 그 즙을 빨아 먹는 응애, 진딧물, 뿌리파리 등의 해충이 꼬이기 마련이며 습한 흙에서는 균류가 번성하는 것이 자연의 질서입니다. 그렇지만 이러한 자연은 수용하고 애호하기 어렵습니다. 그래서 많은 사람이 살충제와 과산화수소수를 상비해 놓고 수시로 사용합니다.

얼마나, 어떻게, 무엇을 고려하며

바이오필리아 디자인의 대표 사례이자 바이오필릭 실내 원예의 확장인 싱가포르 창이공항은 흡사 잘 조성한 식물원 같고 중앙의 공중 폭포에서는 비가 내리듯 쉼 없이 물이 떨어집니다. 자연스러운 광경이지만 이 바이오필릭 디자인을 유지하려면 상당한 전기와 노동력, 관리를 위한 과학 기술을 투여해야 합니다. 게다가 지금까지 그랬던 것처럼 공항, 기업 건물, 대형 쇼핑몰 등의 시설 위주로 바이오필릭 디자인을 적용할 경우 그것을 누릴 수 있는 이와 누릴 수 없는 이가 저절로 갈릴 것입니다. 그리고 바이오필릭 공간 조성의 당위성을 강조하는 견해가 그 이점으로 생산성과 학습 능력, 매출의 제고를 꼽을 때 바이오필리아의 기치는 다시금 문명의 요구와 만납니다.

바이오필리아와 바이오필릭 실내 원예의 욕망은 자연을 향합니다. 한데 이때의 자연이란 어디까지나 선별된 것, 가공된 것, 통제된 것으로서의 자연스러움입니다. 그럼에도 우리는 자연과의 매개 없는 조우를 기대하거나 언제든 그것을 회복할 수 있고, 더 나아가 그렇게 해야만 한다는 향수nostalgia와 낭만적 관점에 자주 사로잡힙니다. 하지만 현실의 사정은 꽤 복잡합니다. 저마다 구체적 관점과 정도의 차이는 있을지언정 바이오필리아를 이야기하는 순간 에리히 프롬과 에드워드 윌슨, 티모시 비틀리는 모두 그러한 난점을 인지했습니다. 다만 바이오필리아라는 기치의 유행에 따라 우후죽순으로 생겨난 바이오필릭 인테리어와 바이오필릭 디자인이 그 난점을 충분히 고려하지 못했을 뿐입니다.

삶을 영위하기 위해 문명을 만들었으며 그 문명에 의한 소외에 처한 채 자연의 일부지만 자연을 초월해 자연을 걱정하고 애호할 수 있는 유일한 동물이 된 인간이 스스로와 자연을 위해 어떤 바이오필리아를 얼마나, 어떻게, 무엇을 고려해 추구할 것인가는 여전히 까다롭고 어려운 문제로 남아 있습니다. 대안의 외양에서 실질적 대안의 단계로 이행할 가능성의 결정적 단초는 가설과 방법론으로서의 바이오필리아가 아닌 바이오필리아에 관해 생각하고 이를 다루는 우리의 내면에 숨어 있을지도 모릅니다.

5. 나라에서 허락하는 유일한 마약이니까

소비 중에서도 쇼핑이라는 동력

"난 지금 미쳐 가고 있다. 이 헤드폰에 내 모든 몸과 영혼을 맡겼다. 음악만이 나라에서 허락하는 유일한 마약이니까. 이게 바로 지금의 나다."

싸이월드가 현재의 인스타그램에 맞먹는 위상을 차지했던 시절에 탄생해 아직까지 종종 회자되는 '밈meme'을 인용하며 시작했습니다만 이 글의 주제는 음악이 아닙니다. 물론 마약도 아닙니다. 이제부터 하려는 것은 기분을 북돋우는 방식으로 우리의 몸과 정신에 영향력을 행사하는 '쇼핑', 즉 소비의 한 유형에 대한 이야기입니다. 이 밈의 몇 군데를 살짝 손봐 "이 지출에 내 모든 몸과 영혼을 맡겼다. 쇼핑만이 나라에서 허락하는 유일한 마약이니까. 이게 바로 지금의 나다."로 바꾸면 오늘날 쇼핑의 효과와 기능과 의미를 함축하는 문장이 됩니다. 원본의 "나라에서 허락하는"은 '체제가 강력하게 권하는'이라고 바꿔 읽어도 무방할 것입니다. 이때의 체제란 자본주의-상품 경제 체제며, 이 지점에서 변형된 밈은 몇 가지 진실을 가리킵니다. 첫 번째는 자본주의-상품 경제 체제가 스스로를 유지하고 재생산함에 필수 요건으로써 이런저런 '소비들'을 요구한다는 점입니다. 두 번째는 필요와 합리성을 헤아리는 주체보다 욕망을 발굴하고 키우고 잠시 누그러트리는 과정으로서의 쇼핑 그 자체가 소비하는 데 더 큰 지배력을 행사한다는 사실입니다. 마지막은 쇼핑으로 무언가를 손에 넣는 일이 한 사람의 자기 인식에 결정적 영향을 미친다는 것입니다.

소비의 총체적 진실은 "생산, 분배와 함께 내수 경제의 한 축을 담당하는 행위"라는 건조한 정의와 일치하는 동시에 그것을 넘어섭니다. 거칠게 말하자면 이런 것입니다. 생산 수단을 소유하는가의 여부를 기준으로 삼으면 사회 구성원을 소수의 자본가와 절대 다수의 노동자로 나눌 수 있습니다. 절대 다수의 노동자, 그러니까 우리는 가치를 생산하는 활동에 주 52시간 혹은 그 이상을 할애합니다. 그러나 그렇게 생산한 대상을 직접 취하지 못하고 생산 활동으로서의 노동 그 자체를 목적으로 여기지도 않습니다. 노동의 목적은 임금을 받는 것입니다. 같은 맥락에서 노동에 투여하는 시간은 우리의 것이 아닌 고용주에게 저당 잡힌 시간입니다. 우리는 노동하면서 생산 절차에 관여하지만 이는 자발적이고 적극적으로 노동하기를 추구한 결과가 아니며 생산 절차에 대한 지배력을 행사할 기회도 주어지지 않습니다.

우리가 일상에서 기꺼이 원하는 바를 좇고 실현하며 이를 통해 현실에 관여하는 힘을 '실감'하는 계기는 대체로 소비입니다. 앞서 밝혔듯 인간의 기본 욕구 충족에 관여하는 생활필수품보다 있어도 그만이고 없어도 그만인 사물을 대상으로 이루어지는, 기분을 고양하는 현대적 방편으로서의 쇼핑에서 소비의 진실은 더욱 뚜렷하게 그 윤곽을 드러냅니다.

이쯤 되면 쇼핑을 안 할 도리가 없다

가방을 하나 샀습니다. 너무 붉지도 노르스름하지도 않은 초콜릿색 가죽으로 만들어진, 아름다운 비율의 가로가 긴 직사각형의 서류 가방입니다. 인터넷에서 이 가방을 발견한 것은 그야말로 우연한 일이었는데 보자마자 "어머, 이건 사야만 해!"라는 말이 육성으로 튀어나왔습니다. 불현듯 욕망이 생겨난 것입니다. 한데 3만 5천 원짜리 가방이라면 모를까, 가격이 35만 원에 조금 못 미쳤기에 '바로 구매하기' 버튼을 선뜻 누를 수 없었습니다. 35만 원이면 A4 용지 3매 남짓의 글 두 편을 쓰고 받는 원고료와 비등합니다. 저는 그 정도 분량의 글 한 편을 쓰는 데 닷새에서 일주일이 걸리니 이 소비를 실행할 경우 54시간 안팎의 노동을 가방 하나와 맞바꾸는 격입니다. 그래서 욕망이 싹튼 이래로 근 두 달 동안 가방을 구매할 시에 발생할 이점과 결점을 따져보는 의식을 치렀습니다.

이와 같은 의식을 치른다는 것 자체가 이미 욕망에 단단히 붙들린 상태임을 암시합니다. '디자인이 아름답다. 격식을 갖춰야 하는 자리에 들고 가기 좋다. 어깨에 이걸 메면 왠지 성실한 어른처럼 보일 듯하다. 가죽 소재에 주문 제작임에도 30만 원대라면 퍽 합리적인 가격이 아닐까? 최근에 열심히 일했으니 약간의 사치는 괜찮지 않나?' 가방의 장점이나 그것을 사야 할 이유는 수십 개도 갖다 붙일 수 있지만 단점은 목돈이 나간다는 것 하나기 때문입니다. 안타깝게도 이 유일한 단점은 욕망을 물리칠 만큼 충분히 치명적이지 않았습니다. 신용 카드 무이자 할부 제도가 있으니까요! 35만 원이라는 거금을 몇 개월에 걸쳐 나눠 지출한다 생각하니 마음이 한결 가볍고 편안했습니다. 이자마저 발생하지 않는다니 굉장한 혜택을 받는 기분까지 들었습니다. 먼저 가방을 산 이들의 후기도 "가방 진짜 실용적이고 예뻐요. 고민은 배송만 늦출 뿐."이라며 저를 격려했습니다. 정말이지 이쯤 되면 어쩔 도리가 없습니다.

5개월 할부로 카드를 긁고 열흘 후 꿈에 그리던 가방이 도착했습니다. 택배를 뜯으며 가방의 요모조모를 뜯어보며 참으로 즐거웠습니다. 가방을 산 이래로 네다섯 해가 지난 지금도 잘 쓰고 있습니다. 꺼내 들 때마다 심미성과 유용성에 감탄합니다. 따라서 산 것을 후회하지 않습니다. 다만 가방을 처음 손에 넣었을 때의 짜릿한 기분은 사라진 지 오래입니다. 돌이켜보면 한 일주일 짜릿했던 것 같습니다. 이제 이 가방은 제 것입니다. 그리고 제 소유물이 됨에 따라 한때 강렬한 욕망의 대상이었던 가방은 '그냥 내 가방 중 하나'로 변했습니다. 여타의 사물들이 새롭게 눈길을 사로잡습니다. 기본 중의 기본 겨울옷이라는데 나만 없는 맥코트, 에나멜 소재의 뽀얀 크림색 옥스퍼드 슈즈, SAILOR의 영프로피트 만년필, 절제미의 극치를 구현한 스마트폰 케이스 등….

아무리 사고 또 사도 쇼핑은 질리지 않아서

첫머리에서 언급한 밈으로 돌아가겠습니다. 왜 간절히 원하던 물건을 살 때의 짜릿함은 강렬하되 일순간을 넘기지 못할까요? 왜 얼마 지나지 않아 또 다른 물건에 마음을 빼앗기게 될까요? 욕망하고 돈과 물건을 바꾸고 잠깐 만족하고 다시 욕망하는 일은 어째서 질리지도 않는 것일까요? 이 문제를 해명하기 위해 "유일한 마약"이라는 대목에 주목할 필요가 있습니다. 실제로 마약을 사용하면 뇌에서 도파민이라는 신경 전달 물질이 분비됩니다. 도파민은 기분을 좋게 만들지만 효과가 오래가지 않습니다. 도파민 때문에 생겨난 일시적 쾌감이 사그라진 다음에는 공허함을 비롯한 부정적 감정들이 전보다 더 강하게 엄습하고 여기서 벗어나기 위해 다시 마약을 찾습니다. 이처럼 손쉽게 얻을 수 있되 유효 기간이 짧은 쾌감을 반복해 추구하는 가운데 마약에 의존하는 상태인 중독에 빠지게 되는 것입니다. 이것이 생리적 차원에서 설명하는 마약과 중독의 원리입니다.

우리가 일상 속에서 소비를 영속하게끔 하는 상품 경제의 원리 역시 마약의 그것과 동일합니다. 원하던 물건을 사면 도파민이 분비되어 쾌감이 일지만 이는 곧 가라앉습니다. 소비를 거듭해야만 쾌감의 반복적 경험도 가능합니다. 여기서 한 가지 의문이 생깁니다. "필요한 온갖 물건을 다 갖추면 그 이후로는 소비할 일이 없잖아?" 네, 맞습니다. 첫머리에서 자본주의 세계가 유지되고 잘 작동하려면 소비가 필수적이라고 이야기한 바 있습니다. 한데 앞의 질문처럼 우리가 '필요'한 사물을 모두 소유하는 시점부터 새로운 소비는 발생하지 않을 것입니다. 기존의 물건이 너무 낡거나 고장이 나 부득이하게 새것을 사야만 하는 경우를 제외하면 말입니다.

예를 들어 가방의 실용성은 '소지품을 넣어 들거나 메고 다닐 수 있게 하는 특성'입니다. 소지품을 넣어 다닐 필요를 충족하는 실용성이 관건이라면 가방은 한 개만 있어도 충분합니다. 사실 가방이 아니라도 상관없습니다. 찬장에 처박힌 비닐봉지를 써도 됩니다. 증정품으로 받은 에코백이든 에르메스의 아웃 스티치 켈리 백 32사이즈든 소지품을 수납하고 운반할 수 있다는 점에서는 동일합니다. 바꿔 말하자면 누군가는 보따리를, 누군가는 비닐봉지를 들고 다니는 와중에 가방을 사용하는 사람은 가방 하나만 소유하며 20년이고 30년이고 내리 쓰다 그것이 완전히 헐고 해져 소지품을 수납하고 운반하는 기능을 상실한 다음에야 두 번째 가방을 적당히 골라 사는 식의 소비가 예사인 세상도 성립하지 못할 바는 아닙니다.

난관을 돌파하기 위해 자본주의 세계 속 대다수의 물건, 즉 상품은 실용성 외의 가치들을 전면에 내세워 '필요와는 다른 갈래의 수요'를 계발하는 전략을 취합니다. 이 지점에서 심미성, 감성, 이미지 등의 가치들이 실용성을 제치고 상품의 핵심적 요소의 지위를 차지합니다. 실용성은 비교적 명확한 현실의 필요에 대응하는 특성입니다. 반면 심미성, 감성, 이미지는 추상적 차원에서 작동하는 욕망의 대상입니다. 그러므로 후자의 가치들은 그 내용과 형식을 조금씩 달리하며 계속 변주됩니다. 심미성, 감성, 이미지의 변주가 실제 필요성과는 무관하게 손에 넣지 않으면 안 될 것만 같은 조바심을 창출합니다. 상품의 다양성은 끝없이 확장하고 우리의 욕망은 '견물생심'의 법칙에 따라 상품들의 무한한 다양성 내부를 영원히 방황합니다. 견고한 '소비 사회'가 이렇게 완성됩니다.

지름신의 신통한 조화에서 나의 플렉스로

실상 쇼핑을 위한 알리바이를 마련하는 작업과 다를 바 없던 두 달 동안의 의식을 치르면서 꼽은 '가방을 구매할 시에 얻게 될 이점' 중 실용성과 밀접한 항목은 없었습니다. 그 시점의 제게는 다종다양한 가방이 있었고 소지품을 넣어 들고 다님에 조금도 불편을 겪지 않았으니 말입니다. 필요를 넘치게 충족하고 있음에도 새로운 가방을 사게끔 저를 추동한 힘은 결국 추상적 가치를 향한 욕망입니다. 미적 기준이 뚜렷하며 그에 상응하는 고상한 취향을 가진 사람이고 싶은 마음, 주문 제작 상품이라는 문구가 일으킨 취향 저격의 감성, 성실한 사회인이자 진지한 집필 노동자의 이미지를 향한 선망, 이 모두의 합이 도출하는 총체적 분위기 같은 것 말입니다. 물론 이는 제가 의식적으로 짐작하는, 해명이 가능한 욕망의 내용일 뿐 그 기저에는 생활과 일이 야기하는 불안에서 자아를 보호하려는 방어 기제가 있는지도 모릅니다. 어쨌든 심미성, 감성, 이미지 등을 중심에 둔 소비는 '자기 해석과 표현'의 한 방식으로 기능합니다.

    앞서 언급한 밈의 "이게 바로 지금의 나다."라는 마지막 구절은 우리가 소비를 통해 일상에 지배력을 행사할 때 소비도 우리를 통해 일상과 세계에 지배력을 행사하며 이러한 지배는 경제적 동력에 더해 사회적, 심리적 동력이 함께 작용함으로써 이루어진다는 진실, 요컨대 소비라는 실천이 자기를 표현하는 수단으로 기능하는 동시에 특정한 자아상을 구성하고자 하는 욕망을 적극적으로 권장하며 계발하기까지 한다는 진실과 통합니다. 그리고 소비는 우리가 스스로에게 즉각적이고 확실한 보상을 주는 일이라는 점에서 상황과 기분에 대한 자아의 통제력을 확인하는 계기가 됩니다. "이게 바로 나다."가 아니라 "이게 '바로 지금'의 나다."라며 나의 연속성을 현재 시점의 일순간으로 한정하는 밈의 서술은 생리적 차원에서 작동하는 소비의 쾌감이 일시적일 수밖에 없듯 소비 행위가 구성하는 자아상과 통제력 역시 연약하고 한시적이라는 진실과 맞닿습니다.

이에 더해 소비를 대하는 사람들의 태도가 변했다는 점도 눈여겨볼 만합니다. 과거에 사람들은 경제적 여유가 없음을 잘 알면서도 충동적으로 사치품 혹은 기호품을 구매할 때 "지름신이 내렸다."는 말을 썼습니다. 물건을 사기로 결정하는 것은 거역할 수 없는 어떤 절대적 존재며 나는 고분고분히 그 계시를 받들어 행할 따름이라는 뉘앙스의 이 표현은 경제적 합리성을 위반한 소비에 따른 죄의식을 경감하려는 정신적 분투의 산물입니다. 지름신을 가지고 자신의 소비를 해명하려는 노력이 이루어졌다는 사실은 이 무렵까지만 해도 사람들이 필요에 의한 소비가 아닌 욕망에 의한 소비를 부추기는 자본주의 세계와 상품 경제의 원리를 자아의 외부에서 작동하는 객관적 힘으로서 감각했음을 암시합니다.

현재는 "플렉스flex를 하다."가 "지름신이 내렸다."를 완전히 대체했습니다. '지름신 강림'과 마찬가지로 플렉스 또한 다소 무리가 따르더라도 명품, 외제 차, 비용이 비싼 서비스 등을 구매하는 행위를 가리키는 말입니다. 그러나 여기서 소비를 결단하고 실행하는 주체는 어디까지나 '나'이고, "플렉스를 했다."라는 담화는 과감한 소비를 단행하는 능력의 과시와 그것을 해낸 자신에 관한 긍정적 판단을 내포합니다. 어느덧 소비는 개인이 행할 수 있는 전적으로 자유롭고 자발적인 행위로, 상품이 자극하는 부족감을 자기 내면의 진정한 욕망과 동일시해 이를 긍정하고 충실히 좇는 경향은 선으로 간주[10]되기에 이르렀습니다. 이처럼 오늘날 우리의 세계는 소비하기 좋은 곳, 더 정확히는 소비만이 가장 유효하며 '자연스러운' 실천의 위상을 차지한 장소입니다.

소비하지 않는 시간과 소비 이후의 시간을 위해

일체의 소비를 중단하고 무소유의 삶을 살자는 이야기는 아닙니다. 속세와 단절된 산방에서 수도하는 고승이 아닌 이상 그러한 삶은 불가능합니다. 때로는 쇼핑하며 기분을 전환하는 식의 활동도 긴요합니다. 반면 새로운 사물이나 서비스를 구매해야만 비로소 기쁨과 활력을 실감하는 삶도 바람직하지는 않습니다. 즉각적이고 일시적인 만족의 단순한 반복에 몰입하고 의존하는 상태가 곧 중독이며 이 상태에 빠지면 중독 대상의 탐닉 외의 다른 일에는 흥미를 느낄 수 없게 됩니다. 게다가 과소비는 자주 후회로 이어집니다. 많은 사람이 분명 간절해서 샀는데 막상 잘 쓰지 않아 자리만 차지하는 물건들을 알아차리고 스스로를 책망합니다. 안 쓰니 버리고 가지고 싶어 새로 사는 가운데 대량의 사물이 무의미한 죽음을 맞이합니다. 그러므로 소비의 자유와 물질적 풍요가 행복을 선사한다는 통념을 의심하고, 세계가 우리를 길들이는 원리가 몹시 정교하면서도 중층적임을 의식하며, 이에 대해 계속 생각하려고 시도해야 합니다. 비록 소비 사회에서의 탈출은 요원할지언정 우리의 욕망과 부정적 감정들을 다스리고 삶과 자아에 대한 통제력을 확인하는 '덜 소비적'인 전략들을 모색할 수 있을 것입니다. 그래서 최근에는 오래 쓸 만한 물건을 식별하는 안목을 키우고 수중에 들어온 사물을 제대로 다루는 '기술'을 익히는 데 관심을 기울이고 있습니다. 기술이라 해서 뭐 대단한 것은 아닙니다. 옷, 가방, 신발 등을 각각의 소재와 특성에 맞게 보관하거나 주기적으로 관리하는 법, 조심스럽게 잘 사용하는 법, 간단한 고장이 났을 때 직접 수선하는 법입니다.

그리하여 쇼핑의 순간을 제외한 시간, 그러니까 소비하지 않는 시간과 소비 이후의 시간 속에서 소비와는 성격이 다른 수행을 통해 사물과 관계 맺는 즐거움을 구하고자 합니다. 저를 유혹하거나 시선을 사로잡으려 들지 않고 그저 참을성 있게 쓰이기를 기다린다는 의미에서 진짜 제 도구가 된[11] 물건들에 그 고유한 가치가 스미는 모습을 보며 함께 서서히 늙으려 합니다.

"사랑은 언제나 오래되고 해진 것에 깃들지 않나. 나 역시 새것을 좋아하고 종종 미끈한 것들에 혹하지만 그런 것들을 '사랑하는' 방법은 모른다. 내가 사랑하는 것들은 흠집이 생기기도, 깨졌다 다시 붙기도 하면서 제 수명을 다했는가 싶다가도 결국 다른 용도로라도 나의 곁에 오래오래 머무른 것들이다."[12]

4부 후주

1 알랭 드 보통, 『여행의 기술』, 정영목 옮김, 청미래, 2011, 25쪽.
2 「소비자 10명 중 5명, 코로나19 이후 반려식물에 관심 증가: 농촌진흥청, 반려식물 개념·기준 등 인식 조사 결과 발표」, 『Lafent』, 2021. 11. 25.
3 B. C. Wolverton·A. Johnson·K. Bounds, *Interior landscape plants for indoor air pollution abatement*, NASA, NASA-TM-101766, 1989.
4 Bryan E. Cummings·Michael S. Waring, *Potted plants do not improve indoor air quality: a review and analysis of reported VOC removal efficiencies*, Journal of Exposure Science & Environmental Epidemiology, 30(2), pp. 253~261, 2020. M. Dela Cruz·J. H. Christensen·J. D. Thomsen·R. Müller, *Can ornamental potted plants remove volatile organic compounds from indoor air?: a review*, Environmental Science and Pollution Research International, 21(24), pp. 13909~13928, 2014.
5 에리히 프롬은 모든 사람이 상반되는 정위^{定位}인 "죽음에 대한 사랑^{necrophilia}"과 "생명에 대한 사랑^{biophilia}"을 함께 가지고 있으며 그중 어떤 경향이 더 강하느냐에 따라 개인의 행동이 결정된다고 보았습니다. 죽음에 대한 사랑은 살인처럼 직접적으로 죽음을 야기하는 행동에 관한 소망은 물론이고 퇴행적 욕구, 현재와 미래에 무심한 대신에 과거에 연연하는 태도, 기계적인 모든 것에 관한 선호, 지배력과 통제, 소유의 숭배 등을 포괄합니다. 반면 생명에 대한 사랑이라는 정위의 가장 기본적 형태는 모든 생명체가 공유하는 생명을 유지하려는 경향이며 더 적극적 형태는 현상 유지, 낡은 것, 확실성이 제공하는 안전한 확증 대신에 새로운 것의 긴설과 모험을 택하는 창조적이고 생산적 정위 전반입니다. 에리히 프롬, 『인간의 마음』, 황문수 옮김, 문예출판사, 1964, 58~74쪽 참조와 인용.
6 에드워드 윌슨, 『바이오필리아』, 안소연 옮김, 사이언스북스, 2010, 13~14쪽과 161~173쪽 참조.
7 「자연과 공존하는 도시란? 남양주시, 바이오필릭 시티 창시자 '티모시 비틀리' 국제

강연 열어」,『정원문화신문』, 2024. 5. 30. 참조.
8   에리히 프롬,『건전한 사회』, 김병익 옮김, 범우사, 1975, 66쪽.
9   에리히 프롬, 앞의 책, 35쪽 참조와 인용.
10 프레데릭 르누아르,『욕망의 철학, 내 삶을 다시 채우다』, 전광철 옮김, 착한책가게, 2024, 65~66쪽 참조.
11 프레데릭 느루아르, 앞의 책, 72쪽 참조. 다큐멘터리〈소셜 딜레마〉중 트리스탄 해리스의 이야기 참조.
12 이지응,「사랑은 누더기여라」,『취향과 판단』, 제18호, 2023. 6. 25.

원고 출처

1부 소셜 미디어와 정념의 조각들

1. 언젠가는 꼭 '단톡방' free life —『취향과 판단』, 제4호, 2022. 4.
2. 무엇을 위하여 리뷰 알람은 울리나 —『취향과 판단』, 제21호, 2023. 9.
3. 죽지도 않고 자꾸 오는 사물의 생명력 —『취향과 판단』, 제31호~32호, 2024. 7~8.
4. 현대인의 SNS 사용법: 돌진하는 주체와 파라소셜한 것 —『취향과 판단』, 제22호, 2023. 10.
5. 어떤 욕망의 (여러) 이름 (중 하나)인 오마카세 —『현대비평』, 제18호, 2024. 4.

2부 영상 이미지의 조각들

1. 의적 로빈 후드, 로빈 후드, 후드 —『취향과 판단』, 제6호, 2022. 6.
2. 잘 죽는 법: 제보당의 야수와 토마 답체 —『취향과 판단』, 제10호, 2022. 10.
3. 방황으로서의 삶과 그 한가운데의 사랑: 앙투안 두아넬 연작 —『취향과 판단』, 제24~25호, 2023. 12.~2024. 1.
4. 딜레마를 통과하는 선 —『취향과 판단』, 제28~29호, 2024. 4~5.
5. 오래 사는 법: 기억과 시시한 유산 —『취향과 판단』, 제23호, 2023. 11.

3부 통념과 의식의 조각들

1. 무엇이든 체험해야 하고 체험하면 안다는 믿음 —『취향과 판단』, 제7호, 2022. 7.
2. '사실상 한국인'은 대체 어느 나라 사람? —『취향과 판단』, 제9호, 2022. 9.
3. 연애 잘하는 비법 알려 드립니다: 픽업 아트 읽기 —『취향과 판단』, 제16~19호, 2023. 4~7.
4. '있는 그대로의 나'의 '내면을 보고 '아무 조건 없이 사랑해줄' 사람 —『취향과 판단』, 제33~34호, 2024. 9~10.
5. 독을 삼키는 법: 복어를 먹듯 전부를 수용하기 —『시로 여는 세상』, 제79호, 2021. 9.

4부 일상과 생활 양식의 조각들

1. 여행, 좋아하세요? —『취향과 판단』, 제5호, 2022. 5.

2. 취미 원예론 (1): 취미란 무용해서 취미인 것 —『취향과 판단』, 제12호, 2022. 12.

3. 취미 원예론 (2): 꺾여도 괜찮은 마음에 더해 숙련하기 —『취향과 판단』, 제14호, 2023. 2.

4. 취미 원예론 (3): 자연스러움을 곁들인 문명의 안쪽에서 —『취향과 판단』, 제13호, 2023. 1.

5. 나라에서 허락하는 유일한 마약이니까 —『취향과 판단』, 제8호, 2022. 8.

참고 문헌

단행본

- 게오르그 짐멜, 『짐멜의 모더니티 읽기』, 김덕영·윤미애 옮김, 새물결, 2005.
- 고이즈미 요시유키, 『들뢰즈의 생명 철학』, 이정우 옮김, 동녘, 2003.
- 구슬아, 『연구자가 세상에 말을 건네는 방법』, yeondoo, 2024.
- 기타오지 로산진, 『무타협 미식가』, 김유 옮김, 허클베리북스, 2019.
- 르네 지라르, 『낭만적 거짓과 소설적 진실』, 김치수·송의경 옮김, 한길사, 2001.
- 마쓰모토 타쿠야, 『향락사회론』, 임창석·이정민 옮김, 에디투스, 2024.
- 미스터리, 『미스터리 메써드』, 14차원엔터프라이즈, 2012.
- 박민혁, 『여자를 꼬시는 기술, 한량술 1』, 리더스펍, 2013.
- 발터 벤야민, 『발터 벤야민의 문예이론』, 반성완 편역, 민음사, 1983.
- 신현우, 『알고리즘 자본주의』, 스리체어스, 2024.
- 알랭 드 보통, 『여행의 기술』, 정영목 옮김, 청미래, 2011.
- 알랭 바디우, 『베케트에 대하여』, 서용순·임수현 옮김, 민음사, 2013.
- 알랭 바디우, 『사랑 예찬』, 조재룡 옮김, 길, 2010.
- 에드워드 윌슨, 『바이오필리아』, 안소연 옮김, 사이언스북스, 2010.
- 에리히 프롬, 『건전한 사회』, 김병익 옮김, 범우사, 1975.
- 에리히 프롬, 『사랑의 기술』, 황문수 옮김, 문예출판사, 1976.
- 에리히 프롬, 『인간의 마음』, 황문수 옮김, 문예출판사, 1964.
- 오쓰카 에이지, 『감정화하는 사회』, 선정우 옮김, 리시올, 2020.
- 우노 구니이치, 『들뢰즈, 유동의 철학』, 이정우·김동선 옮김, 그린비, 2008.
- 이든 리, 『픽업 아티스트 연애 관계 매력 계발 표준 지침서: 어트랙션 크리테리아』, IMF, 2017.
- 이졸데 카림, 『나르시시즘의 고통』, 신동화 옮김, 민음사, 2024.
- 장 보드리야르, 『소비의 사회』, 이상률 옮김, 문예출판사, 1991.

- 콰메 앤터니 에피아, 『윤리학의 배신』, 이은주 옮김, 바이북스, 2011.
- 프레데릭 르누아르, 『욕망의 철학, 내 삶을 다시 채우다』, 전광철 옮김, 착한책가게, 2024.
- 피에르 마슈레, 『문학생산의 이론을 위하여』, 윤진 옮김, 그린비, 2014.
- 한병철, 『리추얼의 종말』, 전대호 옮김, 김영사, 2021.
- 한영인, 『갈라지는 욕망들』, 창비, 2024.
- Kenshin, 『픽업 아티스트 연애의 기술』, 책과나무, 2014.

해외 단행본

- Anna Freud, *The Ego and the Mechanisms of Defence: Revised edt.*, Karnac Books, 1993.
- Sigmund Freud·Joyce Crick, *The Joke and Its Relation to the Unconscious*, Penguin Classics, 2003.

논문

- 서용순, 「비-관계의 관계로서의 사랑: 라깡과 바디우」, 『현대정신분석』, 제10권 1호, 한국현대정신분석학회, 2008.
- 이민선·이현화, 「소셜 미디어에서 나타나는 신체 긍정주의와 표현 방법: 여성의 주관적 신체 사이즈 인식이 기분 상태와 외모 만족도에 미치는 영향」, 『한국의류산업학회지』, 제22권 2호, 한국의류산업학회, 2020.
- 이희훈, 「미국의 존엄사법과 영국의 조력자살법안에 대한 비교법적 고찰」, 『토지공법연구』, 제68권, 한국토지공법학회, 2015.
- 임인숙·김민주, 「한국 다이어트 서바이벌 프로의 비만 낙인 재생산: '빅토리'와 '다이어트 워'를 중심으로」, 『한국여성학』, 제28권 4호, 한국여성학회, 2012.
- 임지연·서윤호, 「한국 사회의 규범화된 몸 비판과 인정이론적 전환 모색」, 『아시아문화연구』, 제52집, 가천대학교 아시아문화연구소, 2020.

해외 논문

- Bryan E. Cummings·Michael S. Waring, *Potted plants do not improve indoor air quality: a review and analysis of reported VOC removal efficiencies*, Journal of Exposure Science & Environmental Epidemiology, Vol.30, No.2, 2020.

· M. Dela Cruz · J. H. Christensen · J. D. Thomsen · R. Müller, *Can ornamental potted plants remove volatile organic compounds from indoor air?: a review*, Environmental Science and Pollution Research International, Vol.21, No.24, 2014.

정기 간행물

- 강호철, 「하인스 워드: 美 슈퍼볼 MVP」, 『월간조선』, 2006. 3.
- 김태현, 「리뷰 전쟁: 기대와 실제 그리고 적대」, 『취향과 판단』, 제8호, 2022. 8.
- 박정연, 「근로시간, 근로시간 단축 문제와 함께 생각해보고 싶은 '연결되지 않을 권리'」, 『월간노동법률』, 제320호, ㈜중앙경제, 2018. 1.
- 이소, 「중력과 미래: 인아영의 『진창과 별』을 읽으며」, 『현대비평』, 제18호, 한국문학평론가협회, 2024.
- 이지웅, 「사랑은 누더기여라」, 『취향과 판단』, 제18호, 2023. 6.
- 「aT 외식 트렌드: 외식 인기 메뉴 및 트렌드 변천사 2010-2019」, 『월간식당』, 제416호, 한국외식정보㈜, 2019. 11.

기사, 뉴스

- 「"고통 없이 죽고 싶다" … 미국 '존엄사법' 논의 확산」, 『한겨레』, 2019. 10. 19.
- 「"국제결혼 가정 자녀는 한국인" 36% → 17% 오히려 줄었다」, 『중앙일보』, 2020. 7. 6.
- 「김민아 노무사와 '함께 푸는' 노동문제 ⑥: '업무시간 외엔 일 안 하기' 스마트 시대 시급한 권리」, 『한겨레』, 2023. 5. 4.
- 「늘어나는 젊은 비만 인구 … 3단계 비만 유병률 1% 돌파」, 『파이낸셜뉴스』, 2024. 2. 20.
- 「"대학 4학년 때 뒤늦게 길 찾아 … 수학은 나의 한계 이해하는 과정"」, 『매일경제』, 2022. 7. 5.
- 「돈도 시간도 없는 N포 세대의 사랑」, 『연합뉴스』, 2017. 1. 2.
- 「"먹고 잠만 자도 살 빠져요" 이 말 믿어? … 무려 33만 개나 팔렸다」, 『헤럴드경제』, 2023. 11. 9.
- 「뭔가 특별한 분위기에 홀려, 1인 5만 원 '티 오마카세' 열풍」, 『중앙선데이』, 2024. 1. 8.
- 「미국 캘리포니아주 존엄사 인정」, 『경향신문』, 2015. 10. 6.
- 「복어의 독을 남겨 달라고?」, 『헬스조선』, 2006. 2. 21.
- 「빈섬의 어蘊?: '착하다'라는 말은 착하지 않다」, 『아주경제』, 2018. 5. 31.
- 「세덕셔니스트: 진화심리학 (하), 인문학을 침범한 자연과학」, 『헤럴드POP』, 2014. 10. 24.

- 「섀덕셔니스트: 픽업 아티스트 (상), 제프리스와 디안젤로」, 『헤럴드POP』, 2014. 8. 22.
- 「섀덕셔니스트: 픽업 아티스트 (중), '위대한 PUA' 미스터리」, 『헤럴드POP』, 2014. 9. 5.
- 「소비자 10명 중 5명, 코로나19 이후 반려식물에 관심 증가: 농촌진흥청, 반려식물 개념·기준 등 인식 조사 결과 발표」, 『Lafent』, 2021. 11. 25.
- 「아무튼, 주말: "그 남자를 갖고 싶나요?" 연애 코치 '픽업 아티스트' 여성 시대」, 『조선일보』, 2019. 3. 2.
- 「요리라는 이름의 예술, 로산진의 미식론」, 『한겨레』, 2019. 2. 15.
- 「유튜브 중독, '준사회적 관계'가 실제 관계 대체할 수 있나」, 『정신의학신문』, 2019. 11. 29.
- 「일본 매체, "한국 오마카세 열풍, 젊은이들 사치와 허세"」, 『경향신문』, 2023. 3. 13.
- 「'자퇴생' 허준이 교수, 한국인 최초로 '수학계 노벨상' 필즈상 수상」, 『뉴데일리』, 2022. 7. 5.
- 「존엄사 캘리포니아 63% 급증 … 작년 853명 … 시행 6년 내 최다」, 『코리아데일리』, 2023. 8. 16.
- 「직장인 89% "외모도 경쟁력" … 56% "외모로 인한 차별 경험"」, 『잡코리아×알바몬통계센터Press』, 2019. 6. 18.
- 「퇴근 후 피할 수 없는 '전화 한 통' … "근로시간 포함될까?"」, 『한국일보』, 2023. 4. 13.
- 「하인스 워드, '검은 한국인' 슈퍼볼무대 서다」, 『경향신문』, 2006. 1. 23.
- 「"한국 수학계 쾌거" … 허준이 필즈상에 축하 잇따라」, 『연합뉴스』, 2022. 7. 5.
- 「"허세 심한 한국 커플, 오마카세 먹고 자랑" … 日 매체 또 사치 지적」, 『조선일보』, 2023. 3. 13.
- 「"허위·과대 광고 꼼짝 마" … 사이버조사팀·시민감시단 民·官 협력 확대」, 『문화일보』, 2023. 12. 12.
- 「"호텔? 오마카세? 골프? 다 허세 … 인스타그램 믿지 말자"」, 『세계일보』, 2023. 6. 16.
- 「10조 원 다이어트 시장, '부작용'은 살찐다」, 『머니S』, 2019. 1. 9.

해외 기사, 뉴스

- *Dating game turns ugly*, The Guardian, 2000. 1. 6.

자료집

- 『고급 레스토랑(파인다이닝, 오마카세 등) 관련 U&A 조사』, ㈜마크로밀엠브레인, 2022.
- 「비만의 진단」, 『비만 진료지침 2022 8판 요약본』, 대한비만학회, 2022. 12. 30.
- 이형주·임수빈, 『이동동물원 실태조사 보고서』, ㈔동물복지문제연구소 어웨어, 2019.

해외 자료집

- B. C. Wolverton · A. Johnson · K. Bounds, *Interior landscape plants for indoor air pollution abatement*, NASA, NASA-TM-101766, 1989.

웹사이트

- 대한비만학회, https://general.kosso.or.kr/
- 레이커즈, http://rakers.co.kr/
- 레이커즈 블로그, https://blog.naver.com/rakers_11
- 마픽스 리얼라이프스타일, https://www.youtube.com/@mapics/
- 메이스아카데미, http://www.love-school.co.kr/
- 미건TV, https://www.youtube.com/@migun772/
- 미라클앤건, http://www.miraclegun.com/

기타

- 「건강 기능 식품 섭취 주의 사례: 다이어트 제품」, 식품의약품안전처, 2018. 5. 18.
- 「고의·상습적으로 허위·과대 광고한 업체 점검 결과 발표」, 식품의약품안전처, 2019. 10. 16.
- 마선생, 「그 많던 픽업 아티스트들은 다 어디로 가버렸을까?」, 브런치스토리, 2017. 7. 15.
- The surprising science of alpha males: Frans de Waal, TED, 2018. 7. 9.

독을 삼키고 잘 죽되 오래 사는 기술

초판 1쇄 발행 | 2025년 7월 28일

지은이 | 구슬아

편집 | 김유정
디자인 | 김대욱

펴낸이 | 김유정
펴낸곳 | yeondoo
등록 | 2017년 5월 22일 제300-2017-69호
주소 | 서울시 종로구 부암동 208-13
팩스 | 02-6338-7580
메일 | 11lily@daum.net

ISBN | 979-11-91840-48-3 (03300)

책의 일부 또는 전부를 사용하려면 저작권자와 출판권자의 동의를 받아야 합니다.
책값은 뒤표지에 적혀 있습니다.